向上管理3.0

6倍速提升辅佐力

张　恒　潘夫子◎著

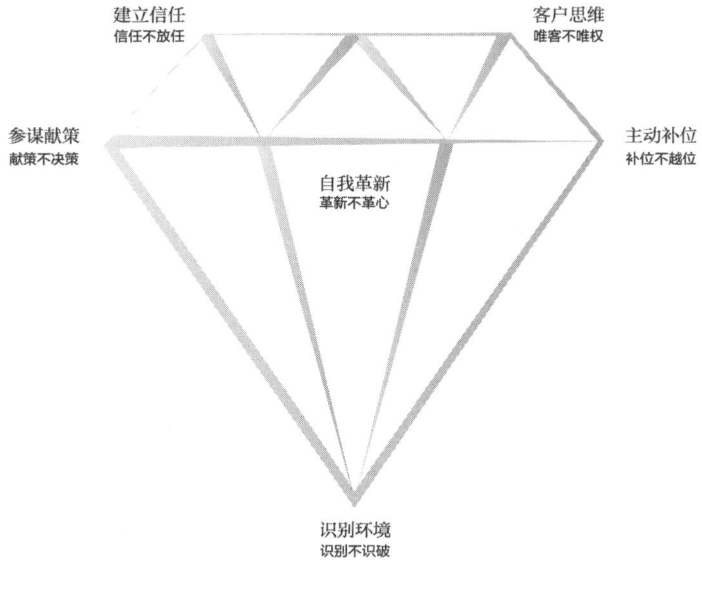

中华工商联合出版社

图书在版编目(CIP)数据

向上管理3.0 ：6倍速提升辅佐力 / 张恒，潘夫子著.
北京 ：中华工商联合出版社，2025. 8. — ISBN 978-7
-5158-4347-6

Ⅰ. C93-49

中国国家版本馆 CIP 数据核字第 2025424M3X 号

向上管理3.0：6倍速提升辅佐力

作　　者： 张　恒　潘夫子
出 品 人： 刘　刚
责任编辑： 胡小英
装帧设计： 金　刚
排版设计： 水京方设计
责任审读： 付德华
责任印制： 陈德松
出版发行： 中华工商联合出版社有限责任公司
印　　刷： 文畅阁印刷有限公司
版　　次： 2025 年 8 月第 1 版
印　　次： 2025 年 9 月第 1 次印刷
开　　本： 710mm×1000mm　1/16
字　　数： 214 千字
印　　张： 14
书　　号： ISBN 978-7-5158-4347-6
定　　价： 68.00 元

服务热线： 010－58301130－0（前台）
销售热线： 010－58302977（网店部）
010－58302166（门店部）
010－58302837（馆配部、新媒体部）
010－58302813（团购部）
地址邮编： 北京市西城区西环广场 A 座
19－20 层，100044
http://www. chgslcbs.cn
投稿热线： 010－58302907（总编室）
投稿邮箱： 1621239583@qq.com

6倍速提升辅佐力

向上管理

精炼辅佐行为　加速绩效增长

加速1
识别环境
洞察组织
读懂上司
调整自我

加速2
建立信任
彰显专业
兑现承诺
弱化私心

加速3
客户思维
解码需求
高效执行
锚定价值

加速4
参谋献策
界定问题
寻找对策
有效汇报

加速5
主动补位
强化意识
厘清路径
补位到位

加速6
自我革新
转变思维
复盘迭代
持续突破

《向上管理3.0》个人能力测评表

为更好地评估您向上管理的综合能力，以下36道测评题，是36项行为描述，请您认真阅读，并对照自己目前的真实表现，结合自己的行为进行评分：1到10分（1分：我从不这样 → 10分：我一直是这样）。

分值参考说明：本表个人测完后，结合自己最终分值做对比评估，分值高的代表在六大行为中您做得相对好的，分值低的代表在六大行为中您需要改善的。

1. 对组织战略目标与达成效果十分了解。
2. 不与上司争抢功劳，在观念上认可自己的功劳就是上司的功劳。
3. 在向上管理时，能努力对待工作，想办法超出上司的满意度。
4. 当自己的策略不被采纳时，能从自己的角度做反思并改进。
5. 在上司的某项能力欠缺时，自己能及时补位，并注意态度、时机、技巧。
6. 在识别上司的意图与蓝图时，能不断地做出自我革新。
7. 对工作环境的过去、现在、未来做过分析，并作出对应调整。
8. 与上司之间信任十分重要，在工作中能注意自己言行来增加信任。
9. 把上司当成最大的客户，向上管理时做到一切以客户为中心。
10. 在与上司合作过程中，能抓住机会主动参与讨论与谋划。
11. 在与上司合作中，有补位的主动意识。
12. 能正视环境的变化，提升自己的知识、技能、态度、思维。
13. 对组织的使命、愿景、价值观及具体含义清晰了解。
14. 主动接近上司，得到其关注，但不会太刻意靠近。

15．通过公司的战略分解，关注到上司的工作需求。

16．习惯于思考多个工作方案，并从中选取最佳方案呈报给上司。

17．在自己工作范畴内，有问题出现时会主动采取解决对策。

18．经常自我反省，盘点不足之处并主动做出改变。

19．为更好辅佐上司，对上司的动机、兴趣、爱好、能力作主动评估。

20．工作过程中，能主动积极地汇报自己的工作进展。

21．在辅佐上司的过程中能秉承“多努力一点点”的理念，做得更好一点。

22．在上司决策的全过程中，都能主动地提建议、献策略。

23．当上司的性格对某一件事开展不利时，自己会主动补位。

24．对于自我变革，会列出针对性的变革行动计划，并付诸行动。

25．了解上司的性格，同时也对自己的性格类型清晰了解。

26．重视自己的工作结果，注重通过工作结果赢得上司的信任。

27．上司在工作上遇到问题时，能主动采取行动帮助他。

28．在对上司参谋献策时，会注意时机、场合、技巧等影响因素。

29．在工作补位的过程中，自己会主动补位，但不会越位。

30．主动自我革新，但不忘初心，通过各种方法辅佐好上司。

31．了解自己的优点与缺点，并有意识控制自己的缺点。

32．注重对上司的礼仪礼节，充分做到对上司尊重。

33．根据上司的需求，主动做出行动方案，而不是被动等待安排。

34．即使是自己认为很好的策略也不自作主张、擅自决策，最终会听取上司的意见。

35．上司陷入困境时，自己会主动补位

36．在面对变化时，能积极尝试新事物、突破舒适区、不满足于过往成绩。

向上管理能力现状测评计分表：个人评分

F1：识别环境	F2：建立信任	F3：客户思维	F4：参谋献策	F5：主动补位	F6：自我革新
1.	2.	3.	4.	5.	6.
7.	8.	9.	10.	11.	12.
13.	14.	15.	16.	17.	18.
19.	20.	21.	22.	23.	24.
25.	26.	27.	28.	29.	30.
31.	32.	33.	34.	35.	36.
各项分数合计					
除以6	除以6	除以6	除以6	除以6	除以6
个人每项平均得分					

序言

PREFACE

在职场中，许多人会遇到这样的问题：付出了巨大努力，但是却很难突破发展瓶颈。在无数次的会议中、若干次的项目汇报中，笔者亲眼见证了太多优秀人才，因未掌握有效的向上管理的技能，而与更大平台和关键机会失之交臂。本书将带你全方位解锁“6倍速提升辅佐力”的秘密武器。

十年前，笔者开始关注并深入研究“向上管理”这一课题。这一研究缘于众多职场人士对如何与上司高效沟通、如何让工作成果获得认可、如何在激烈竞争中脱颖而出普遍存在的困惑。那时的“向上管理”处于1.0阶段，其核心在于点状思维，侧重于传授一些具体的技巧。例如，如何精准地汇报工作进展、如何在会议中恰到好处地展示个人价值等。但这些零散的技巧往往只是应对单一场景的权宜之计，难以构建起真正高效的上下级沟通模式。

在与数百位职场精英的深入交流中，以及在上百场企业培训的实践过程中，笔者逐渐认识到，仅靠孤立的沟通技巧并不能解决问题。职场本质上是一个动态而复杂的系统，管理者与员工之间不仅需要高效的信息传递，更需要建立起相互信任与理解的桥梁。这促使我们进入了向上管理的2.0阶段——一种强调双向互动、线性思维的模式，它试图在传统沟通方式中加入反馈机制和协同效应，帮助员工更清晰地传达价值，同时也让上司能够更准确地捕捉到团队的真实状态。

早在2.0阶段，我们就开始思考如何在更高维度上，以“6倍速”的效率，从系统的视角帮助优秀职场人提升向上辅佐力。

你是否在关键项目中因误判组织形式而错失战略资源？是否因未能精准识别上司真正关注的KPI而反复修正方向？这些真实场景不断提醒我们：需要更具系统性、结构化的方法来指导向上沟通与协作。

正是在这样的背景下，笔者携手团队提出“向上管理3.0”系统框架——它不仅是一次范式升级，更是职场辅佐能力的一次“6倍速跃迁”。这一体系以“钻石模型”为核心，围绕六大行为准则，帮助职场人从点、线、面三维度重构认知与实践路径，实现从执行者向“战略合作者”的本质转变。

本书的核心主张，即以“6倍速提升辅佐力”为目标，构建一整套具备实操性、可复制性和可成长性的能力矩阵：

识别环境：运用五星模型、MIPS模型和SEGA模型，快速扫描组织环境，把握其中关键要点。

建立信任：通过激活“信用额度”，构建起牢固的上下级信任关系。

客户思维：将上司视为“客户”，借助九宫格模型持续提升满意度。

参谋献策：突破“听话照做”的局限，运用三步走战略，从数据与洞察中脱颖而出。

主动补位：在关键时刻及时主动补位，成为上司的“最佳拍档”。

自我革新：打破舒适区，运用KISS高效法则，实现知识、技能和机制的全面升级。

这六大行为不仅构成了“向上管理3.0”的实践蓝图，更代表了一种可以持续“6倍速提升辅佐力”的能力模型，为每一位职场人指明清晰的进阶路径。

通过十年深耕、上百场实战培训，以及数百位管理者与员工的实践反馈，笔者将这套体系凝练为结构清晰、工具明确、策略丰富的系统化方法论。本书不仅分享前沿理念，更通过大量实战工具和真实案例，帮助读者在复杂职场中灵活应对、持续进阶。阅读此书，你将获得一整套“6倍速辅佐力”实践宝典，指引你快速到达职场新高度。

愿您在阅读本书时，不仅能理解向上管理的专业价值，更能切实掌握“6倍速提升辅佐力”的方法与工具。与其等待理想上司的降临，不如先成为理想团队中不可或缺的“向上辅佐者”。如何才能高效辅佐，方法尽在本书中！

目录
CONTENTS

第二部分
钻石模型：与上司互相成就的六大行为

第三部分
职场能力的全面升级与长期复利

第一部分

破解职场天花板的“黑科技”

第一章

向上管理：

揭开黑科技的“神秘面纱”

1. 职场“隐形规则”的破译者：向上管理如何重塑你的职场地位

在职场中，不懂“向上管理”，你很可能会沦为隐形人。在职场中，不懂“向上管理”，你很可能会沦为隐形人。不管能力多强，努力多少，如果领导无法感受到你的价值，你的努力就可能被掩盖在他人的光环下。

那么，如何管理与领导之间的关系？答案并非讨好或逢迎，而是以辅助领导决策、解决问题的方式，让自己成为不可或缺的存在。这就是向上管理的智慧：看清职场中的“隐形规则”，找到自己的位置，实现自我价值的最大化。

这种智慧并非现代职场专属，在历史、神话、生活等方方面面，就有许多成功与失败的典型案例，为我们提供了深刻的启示。

案例分析：太乙真人与申公豹的向上管理异同

2025年春节档上映的电影《哪吒之魔童闹海》让人耳目一新，不仅票房创造了奇迹，电影情节也值得我们深入思考。笔者看完之后大受震撼，撇开观众对申公豹的共情点，我们发现影片中的角色关系与职场向上管理之间有着惊人的相似之处。

太乙真人VS申公豹：向上管理的六大行为

1. 识别环境：对权力结构的洞察

太乙真人：精准捕捉元始天尊的用人逻辑，明白领导需要“稳定执行者”。他之所以被交托灵珠任务，而非申公豹，正是因其能够平衡天庭与人间关系，避免激化矛盾。在陈塘关危机中，他优先保护百姓，而非单纯镇压哪吒，展现了对组织利益的深刻理解。

申公豹：误以为“能力至上”可以突破出身限制，试图偷换灵珠以证明自身价值，却忽略了元始天尊对“妖族出身”的深层忌惮，导致其策略在执行层面严重失效。

2. 建立信任：长期信任的累积

太乙真人：通过“低风险交付”赢得信任，主动承担哪吒的教导责任，并接受乾坤圈的约束方案。在被混元珠攻击后仍憨厚认错，展现“可控性”，逐步与元始天尊建立稳固的情感联结。

申公豹：滥用“高杠杆博弈”试图制造个人“不可替代性”，利用敖丙绑架龙族利益，导致信任崩坏。在庆功宴上强行揭露哪吒身份，破坏元始天尊布局的缓和节奏，暴露投机本质。

3. 参谋献策：解决方案的深度

太乙真人：提出“以情化魔”战略，强调用亲情羁绊替代武力镇压，契合天庭“维稳”核心诉求。他成功说服李靖夫妇以爱感化哪吒，使危机转化为教化案例，不仅解决问题，也助元始天尊巩固权威。

申公豹：策略停留在战术层面，仅教敖丙以武力对抗人间，如活埋陈塘关。但他未意识到，元始天尊需要的是“可控的威胁”，而非彻底毁灭带来的秩序真空，导致方案难以落地。

4. 客户思维：需求分层管理

太乙真人：精准识别元始天尊的“显性需求”（封神榜任务）与“隐性需求”（维持三界平衡）。在执行过程中，他采用“柔性管理”，如使用山河社稷图消耗哪吒戾气，既完成任务，又避免额外伤亡，满足多方诉求。

申公豹：将晋升等同于完成KPI，单一化理解领导需求，忽视组织文化中的血统政治。他在海底炼狱向龙王承诺“逆天改命”，本质上是将领导层置于改革风险之中，忽略了组织稳定的重要性。

5. 主动补位：系统漏洞修复者

太乙真人：建立防御性补位机制，在关键节点主动填补系统漏洞。例如，在天劫降临前，他提前授予哪吒变身术，并用莲花法宝保留哪吒魂魄，从而为领导决策失误提供挽救空间，使组织能在危机中保持运转。

申公豹：破坏性越位行为显著。他私自调换灵珠，制造管理真空，最终导致局势失控。迫使元始天尊不得不启用终极武器（天劫咒）恢复秩序，反而暴露了天庭的控制力薄弱，使组织陷入更大风险。

6. 自我革新：认知与突破

太乙真人：从“教条执行者”向“灵活创新者”转变，接受魔丸亦可教化的认知颠覆，敢于挑战旧有秩序。他的肥胖形象与腾云猪坐骑，象征着打破传统仙人刻板印象，展现出接受非传统解决方案的开放心态。

申公豹：陷入路径依赖，始终坚持“暴力换资源”的妖族生存逻辑。其结巴的语言设计，象征着他认知固化，无法摆脱出身决定论的思维牢笼，最终走向失败。

向上管理的智慧与实践：如何在职场中脱颖而出

从《哪吒之魔童闹海》的案例中，我们可以提炼出一些关键节点，帮助职场人更好地运用向上管理的智慧：太乙真人的成功源自多维行为的互补联动——以全局视角整合环境洞察、客户思维、参谋献策、主动补位与自我革新，形成持续反馈与进步的闭环；而申公豹则因过度聚焦单一维度、忽略整体平衡，最终导致全盘皆输。这为职场人士敲响了警钟：唯有统筹兼顾、全面发展，才能在向上管理中赢得信赖，实现个人与组织的共赢。

职场案例：技术担当的“舒适圈”

这种向上管理的智慧在现代职场中同样适用。我们来看一个真实的职场故事：

黄明是某新能源公司创新中心的负责人，技术功底扎实，被视为团队的“定海神针”。他带领团队开发出多款行业领先的产品，对自己的能力信心十足，他也一直认为：“技术才是王道，其他的没那么重要。”

然而，公司被一家外资企业收购后，一切都变了。新管理层要求团队用英文沟通工作，并引入标准化的研发流程。黄明主动性并不强，自己的工作方式方面没什么大的变化。他认为："公司需要我的是技术。"

由于黄明不愿意做出相应的改变，很多跨国业务无法顺利对接，出于无奈，总部派来有留学背景的左祥担任创新中心总负责人，全面推动国际化流程。虽然左祥对黄明的能力很认可，也很包容他。黄明坚持用经验"拍脑袋"做方案，而左祥推崇数据驱动和流程规范。几次会议中，黄明指出："按你的方法，根本做不出市场需要的产品！"左祥没有争辩，但每次都坚持执行总部要求，黄明则愈发感到被限制。

随着公司转型深入，黄明的短板逐渐暴露。一次产品发布会上，他因无法用流利的英文解释技术细节而陷入窘迫。几次总部会议中，他也因跟不上讨论节奏而被忽略。

更糟的是，黄明没有主动协助左祥熟悉团队情况，也从不预判并解决工作中的潜在问题。面对项目延误等关键节点，他只是简单汇报："这不是我的责任。"

半年后，黄明提出了离职，理由是："个人发展与公司方向不符。"公司虽极力挽留，但无济于事，最终失去了一位技术能力优秀的人才。

我们来分析一下黄明在向上管理中的问题。

1. 识别环境的失败

公司被外资企业收购后，规则、文化和工作方式发生了显著变化。例如，英文沟通成为必备技能，研发理念向总部看齐。然而，黄明忽视了这些变化的重要性。他并未深入思考新环境中的关键规则，也没有重新定义自己的角色和定位，导致他在团队中的影响力逐渐下降。

问题表现：

（1）没有主动提升自己的语言能力以适应新要求；

（2）未能理解总部推崇的研发理念与以往工作的差异。

职场复盘：面对环境变化，下属需要及时识别并适应新规则，从战略目标到具体工作方式都应保持与上司的同步。

2. 未能建立信任

新任负责人左祥能力出众，但工作方式与黄明有显著差异。黄明未能及时调整心态，与左祥建立积极的协作关系，而是因理念冲突导致多次争执，这进一步削弱了他的影响力。

问题表现：

（1）未采取积极的沟通方式化解分歧；

（2）在新领导面前，未能展现主动合作与支持的态度。

职场复盘：向上管理需要上下级之间建立信任。通过主动沟通和协作，展示忠诚和能力，才能在领导心中建立可靠形象。

3. 未能以客户思维看待新上司

向上管理需要将上司视为“内部客户”，时时关注上司的需求并主动满足。黄明未能从左祥的视角出发，思考其目标与关注点。相反，他坚持自己的技术方向，与新领导的战略规划脱节。

问题表现：

（1）未能从组织整体目标出发调整自己的研发方向；

（2）无法预判新领导的关注点，未能超前支持。

职场复盘：上司更看重的是“你如何帮助我成功”，下属需要以解决方案而非问题面对领导，展示价值。

4. 缺乏参谋意识

左祥刚接手创新中心，需要迅速掌握团队现状并推进工作。黄明本应通过深入分析提供信息支持，为新领导熟悉环境节约时间，但他忽视了这一点。

问题表现：

（1）没有向新领导清晰汇报团队现状和核心问题；

（2）对团队动态和挑战的关键细节未能主动解释。

职场复盘：参谋意识是向上管理的核心能力，下属应主动帮助领导掌握信息，展现全局意识。

5. 缺乏主动补位

除了信息支持，黄明还缺乏对新领导执行力上的协助。他未能关注左祥可能忽略的重点，也没有为领导的决策提供备选方案，导致团队的实际问题始终未被解决。

问题表现：

（1）面对上司的短板或盲区时，未能及时补充和完善；

（2）在关键时期未主动化解潜在风险，为团队分担责任。

职场复盘：主动补位不仅需要发现上司的不足，更需要提前预判问题，推动团队目标实现。

6. 未能自我革新

面对外资企业带来的文化和规则冲击，黄明坚持“技术过硬就能立足”的观念，拒绝调整自己的能力结构。他忽视了语言能力和思维方式对职场竞争力的影响。

问题表现：

（1）无视董事会的培训与加薪激励，未改进语言和管理能力；

（2）被动应对工作压力，最终选择离职。

职场复盘：职场变革中，自我革新是生存的必需品。主动学习新技能、适应新环境，才能保持核心竞争力。

从“技术骨干”到“职场隐形人”

其实，**我们每个人都是黄明，你能改变的只有你自己**。

黄明的失败并非能力不足，而是未能在组织变革中主动适应新环境。他拒绝学习新规则，未与上司建立信任关系，也没有抓住机会向上补位，为新上司分忧解难。相反，他将变革视为对自己过往成绩的否定，选择对抗，甚至逃避，最终导致了个人和团队的双重损失。

在现代组织管理体系中，“向上管理”常常被忽视。管理大师彼得·德鲁克曾将管理划分为五个维度：自我管理、向上管理、横向管理、向下管理，以及对外管理。这五维管理相辅相成，缺一不可。然而，向上管理因为涉及下属对上司的“管理”，显得既微妙又至关重要。如何在把握分寸的同时保持平衡，是向上管理的核心挑战。

2. 核心价值揭秘：组织发展 + 个人发展 = 职场"流量密码"

图1–1展示了从组织发展与个人发展两方面审视"向上管理"的关键：以高层——中层——基层三角结构为框架，通过承上启下的中层协调和基层反馈，构建上下互动的管理闭环。图中还体现了个人的职业发展、能力提升、薪资待遇、职场关系、情绪价值等与组织目标相融合的重要性。

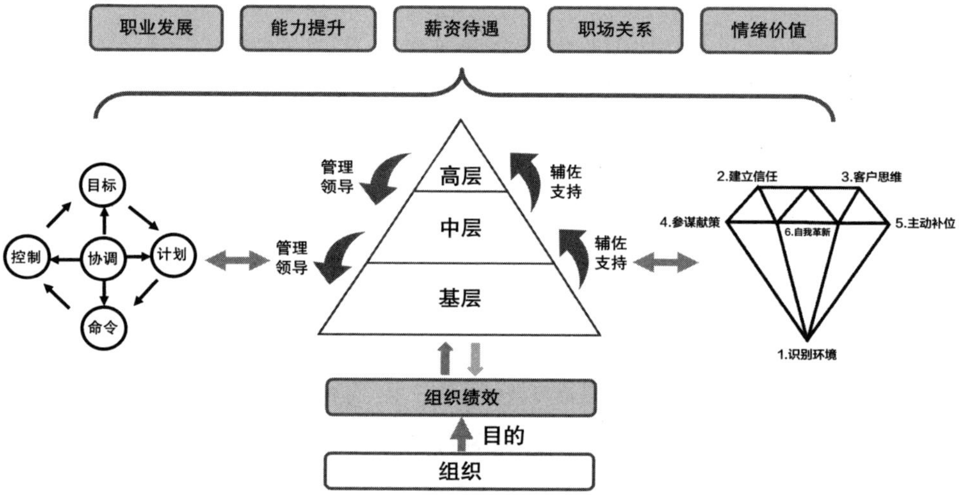

图1–1 从组织发展、个人发展看向上管理

在服务企业的过程中，经常有管理者向笔者提问："我们制定的战略目标很宏伟，但是为什么执行结果总不尽如人意？"

他们提问的时候，眼里既有困惑也有期盼。有的管理者自我分析，认为是目标不够清晰，有的管理者则觉得是执行不到位。但是笔者总是耐心地回答："这件事背后反映的是整个管理闭环的问题——上层制定目标和基层落实之间缺少有效的互动与反馈。我们需要的不仅是宏观上的战略决策，更是实际操作中的精准衔接。换句话说，要让战略目标落地，上层自上而下的各种管理动作，与下属自下而上的辅佐与支持形成闭环，这样才能真正实现预期效果。”

研究表明，仅依靠自上而下的管理指令，60%的组织难以达成战略目标，这往往是因为缺乏上下级之间的有效沟通与协同，而这正是管理闭环中的重要一环——向上管理的作用所在。

向上管理，不是一种美德，而是一种选择，达成组织绩效与个人绩效的选择。这种选择不仅帮助实现组织目标，也有助于个人目标的实现。当组织发展与个人发展达成双赢的完美结合，才是真正解锁职场的“流量密码”。

3. 重新定义向上管理

笔者常常会在培训课程中问学员（管理者）：“向上管理是什么？”

大家的回答五花八门：

“向上管理就是巴结和讨好上司。”

“向上管理就是听话照做。”

“向上管理就是及时汇报，争取资源。”

“向上管理就是学会包装自己，让上司离不开你。”

这些回答各有千秋，但大多只是表面现象。很多学员把向上管理当作一种“生存技巧”，认为只要迎合上司，围绕上司做文章，就能在职场上混得风生水起。然而，经过笔者课程的讲解之后，他们渐渐发现，向上管理远远不止这些肤浅的操作。

其实，在现代组织中，向上管理已经成为职场不可或缺的一种能力。向上管理的能力是综合了学历、能力、资历等多种因素的综合能力，它本质上是一种影响力，一种更高超的影响力，用来影响那些对你有管理权力的人（详见图1-2）。彼得·德鲁克曾说：“你无须喜欢或钦佩你的主管，也不必厌恶他。但你必须学会管理他，让他成为你实现目标、追求成就的资源。”

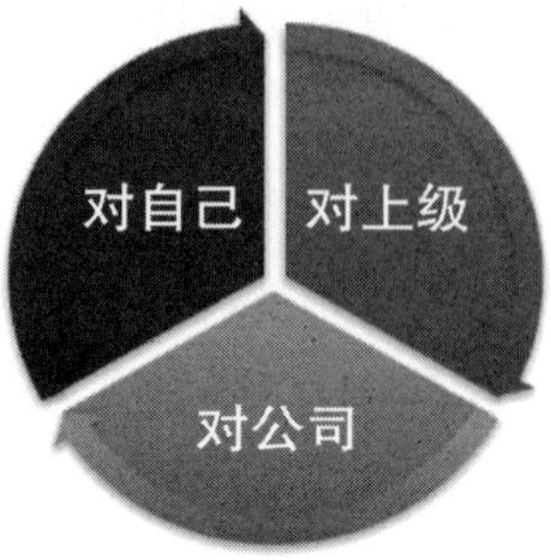

图1-2　向上管理的三维关系

《哈佛商业评论》将“向上管理”定义为：“成为一名高效且有效的员工，为你的上司和公司创造价值。” 这种软技能的核心在于借助优秀管理者的特质，帮助员工充分挖掘自身潜力。如果运用得当，向上管理不仅能提升个人工作效能，还能优化与上司的协作，促进整体工作效率的提升。

向上管理：一种主动的行为选择

我们首先需要明确，向上管理是一种主动的行为选择。这种选择的目标，是达成组织的绩效最大化。与此同时，我们都知道任何管理活动的开展都需要资源，而资源的拥有权或分配权都掌握在上司手中，所以为了获得上司对我们工作资源的支持，我们有必要主动对上司进行向上管理。

我们可能只有一位直属上司，但是上司却有很多下属，为什么要把资源分配给你呢?

面对资源分配的竞争，下属需要主动提供明确的理由，阐明自己工作的优先级和重要性，以赢得上司的重视和倾斜。

正如彼得·德鲁克在其经典著作《卓有成效的管理者》中提到的那样：“工作要想卓有成效，下属发现并发挥上司的作用是关键。”这句话精准地揭示了向上管理的内涵：它不仅是一个协同的过程，更是实现双赢的必要途径。

重新定义向上管理

结合之前的阐述，我们将“向上管理”重新定义为：**基于组织内上下级**

工作绩效的实现，下级遵循有效的行为准则，有意识地发起并协同上级一起工作的过程。

1. 向上管理的目的：基于组织内上下级工作绩效的实现，而非其他，导向的是相互成就；

2. 向上管理的本质：是下级有意识地发起并协同上级一起工作的过程，而非片面地听话照做等，其本质就是上下协作。

在职场中，只要存在上下级关系，就存在向上管理的必要性。形式可以随环境变化而调整，但其核心内涵始终围绕绩效协作展开。

向上管理的典型场景

在任何存在上下级关系的组织中，都存在向上管理的需求。尽管具体的场景和形式可能会因组织的性质和文化而变化，但其核心内涵始终如一：如何在有限的资源中争取更多的关注和支持。

案例分析：特斯拉团队内部协作与资源调配

近年来，特斯拉公司在电动车、能源存储和自动驾驶技术领域持续取得突破，但这些成就背后离不开团队内部高效的向上管理。我们就以2023年特斯拉全自动驾驶（FSD）项目为例，这一技术被视为公司未来增长的关键。然而，由于预算限制和市场压力，该项目面临来自其他部门的资源竞争。

负责FSD开发的团队领导展现了卓越的向上管理能力。他采取了一系列策略，以确保项目在资源分配中脱颖而出。

1. 明确战略意义

团队领导首先详细分析了FSD项目的战略重要性，并将其与特斯拉的整体目标紧密结合。他向管理层说明，如果FSD技术成功推出，不仅将显著提升公司市值，还会巩固特斯拉在市场中的竞争地位。

2. 数据的说服

他通过详尽的测试数据和市场预测进行支持。例如，展示FSD测试阶段的成功率和预计收益，证明进一步资源投入的合理性和紧迫性。

3. 跨部门协调

为避免孤军奋战，团队领导与其他部门积极合作，形成了统一的支持声音。这种跨部门的联合不仅减少了内部竞争，还使管理层更容易认同FSD项目的优先性。

4. 定期成果汇报

团队领导采取了定期汇报的方式，不仅向公司最高领导展示项目的阶段性成果，还主动提出项目面临的挑战及解决方案。这种开放透明的沟通建立了信任，展现了团队的责任感和执行力，最终赢得了更多资源的支持。

通过这些向上管理的策略，FSD项目不仅成功获得了优先资源，还为公司未来的技术发展奠定了基础。

读罢上述案例，想必你已经很清楚了，向上管理最终导向就是绩效的实现，有意识地通过上下协同开展有效的行为。优化组织绩效的同时，还能提升个人绩效，这是一种以双赢为目标的行为选择，是职场中不可或缺的能力。

本章总结

1. 向上管理就是掌握“隐形规则”

专业能力能否被领导看到与认可，往往取决于你对职场潜在规则的洞察与运用。

2. 向上管理才能摆脱“隐形人”处境

如果领导感受不到你的价值，再多努力也可能被掩盖；唯有主动展示与辅助，才能获得应有的重视。

3. 向上管理就是“借力使力”

在资源有限、竞争激烈的环境中，通过与领导良性互动，让个人与团队目标相互支撑，才是真正的职场智慧。

4. 向上管理的双赢原则

帮助领导做出更好决策，既能提升组织绩效，也能为个人赢得更多机遇与成长空间。

5. 向上管理的六大行为

识别环境、建立信任、参谋献策、客户思维、主动补位、自我革新——这六大行为形成闭环，才能在复杂的职场生态中立于不败之地。

6. 忽视向上管理，可能导致“全盘皆输”

过度聚焦单一维度，或一味自我坚持而不与上司协同，最终会陷入被动或边缘化。

7. 从“技术骨干”到“职场隐形人”只有一步之差

不懂向上管理的黄明式悲剧屡见不鲜：无论技术多强，也抵不过与组织战略脱节所带来的负面影响。

8. 向上管理方法论：主动、协同、共赢

通过有效沟通和积极补位，发挥自身价值的同时，也要为上司与团队减负、增值，方能实现个人与组织的双重成长。

第二章

向上管理的“致命误区”

1. 向上管理的三大误区

理解了向上管理的定义，并不能保证百分百理解向上管理。还是会有学员悄悄来问：“到底什么才是向上管理？”（详见图2–1）

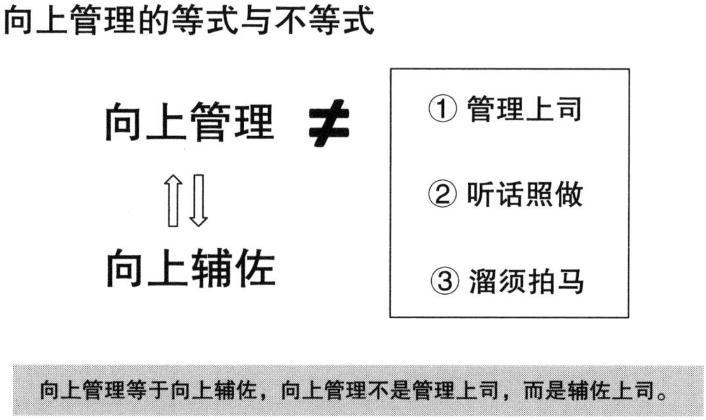

图2–1 向上管理的等式与不等式

有的眼中流露出焦虑，仿佛迷失在复杂的职场规则里；有的满怀好奇，急于让上司“看见”自己。有的则轻声告诉笔者：他们曾试图用各种方式去“影响”上司，结果却发现越是用力，越是适得其反……

听到这些回答，笔者总是会笑着摇头：其实，向上管理绝不是那么简单的“管理上司”“听话照做”或“溜须拍马”。这些误解，就像职场中隐藏的陷阱，不仅让你失去主动性，还可能让你在关键时刻偏离正确轨道。

三大误区：向上管理的隐藏陷阱

许多人误将向上管理等同于“管理上司”，试图对上司的工作施加干预，结果却触犯了组织文化的隐形规则；也有人将其简化为“听话照做”，而丧失了主动性和洞察力；更有甚者，将“溜须拍马”作为主要手段，忽略了真正创造价值的根本。

这些误区不仅偏离了向上管理的核心内涵，更是在职场中埋下隐患。那么，如何厘清误区，找到正确的实践路径？本节将从理论与实操层面，系统解析向上管理的三大常见误区，帮助你从迷茫走向清晰，从盲从走向高效协作。

误区1：向上管理=管理上司

许多人误以为向上管理的核心是“管理”上司，甚至试图对上司进行工作上的控制、指导或者干预。然而，这种看法不仅是对向上管理本质的误解，更容易陷入职场中的误区，产生错误的行为方式。

为什么不能管理上司?

我们要弄清向上管理的本质，**不是管理上司，而是管理与上司之间的关系**。

管理的核心职能包括目标设定、战略规划、任务分配、资源调配等。这些职能理应由上司承担，因为他们拥有相应的职权和视野。而作为下属，你的职责是执行、反馈和协助。因此，试图“管理”上司，不仅违反了职权范围，还会使你的行为显得缺乏专业性和尊重。

即使你非常擅长规划和执行，也不能越过你的上司来干预他们的决策或在职权范围内替代他们的职责。

误区2：向上管理=听话照做

向上管理有时会被误解为单纯的“听话照做”。很多员工认为，只要按上司的指令去执行，就能获得认可和晋升。然而，这种完全依赖指令、机械执行的方式并不会带来真正的价值，甚至可能适得其反，阻碍个人和组织的发展。

为什么不能一味地听话照做?

1. 限制主动性与创造力

完全听从上司指令的做法，表面上看似顺从，实际上却在限制员工的主动性和创造力。向上管理要求员工能够在执行任务的过程中展现思考、判断和创新的能力，而非仅仅做一个“听话的执行者”。如果员工一直处于被动执行的状态，那么他们将无法充分发挥个人的潜力，也难以在团队中发挥更大的影响力。

如果你只是按照上司的要求完成任务，却没有主动去发现潜在的风险或机会，最终可能会错失提升工作质量的机会，甚至可能错过创新的契机。单纯的“听话照做”，往往是“少做错误”的方式，但这种方式并不意味着效率或质量的提升。

2. 可能导致错误与资源浪费

上司虽然有决策权，但并非总是完美无缺。上司也可能会因信息不对称、判断偏差或工作压力等原因做出不完全准确的决策。如果下属仅仅照办，而没有提出反馈或改进建议，这可能会导致组织资源的浪费，甚至影响项目或团队的绩效。

我们可以试举一例：当公司出现预算超支时，若下属只是在执行过程中按照上司的指令去推进项目，而没有及时提出改进意见，那么问题将可能变得越来越严重，甚至导致资金浪费和项目延期。过于依赖上司指令的执行，而缺乏反馈和思考，往往会使问题的解决更为困难。

正确做法：向上辅佐

在职场中，我们会发现向上管理其实是等同于向上辅佐。辅佐上司的方式要求下属要有主动思考、提前预判和及时反馈的能力。通过这种方式，不仅可以帮助上司做出更好的决策，还能提升个人的职业价值，增强组织的整体绩效。

1. 理解上司的核心目标与意图

在执行任务之前，员工应首先明确上司的核心目标和背后的意图。这一过程不仅仅是理解任务本身，更重要的是理解任务背后的战略意义。通过深入理解目标，员工可以优化任务执行的路径，并确保结果与上司的预期一致。

如果上司要求在短时间内完成某项任务，你需要主动与上司沟通，了解他或他的核心目标：是不是只是想提高效率？还是为了节省成本？了解了这些信息之后，你可以根据实际情况提出更为可行的执行方案。

2. 主动反馈与建议

向上辅佐不仅仅是执行任务，更是一个双向互动的过程。当你在工作中发现潜在的问题或可以优化的地方时，应及时向上司反馈，并提出改进建议。这样不仅能帮助上司做出更科学的决策，还能展现出你的责任感与专业能力。

当你发现某个项目进度过慢或资源配置不合理时，应该立即向上司报告问题，并提出具体的改进方案。单纯地等待上司下达指令，而不主动反馈问题，只会导致问题加重。

3. 主动参与决策与调整

在执行任务过程中，你不仅要根据上司的要求进行操作，更要主动思考并参与到决策过程中，特别是在项目出现不确定性时。你应当提出自己的看法和建议，与上司一同分析当前形势，灵活调整策略。

通过这种方式，你在执行任务时不仅体现了对上司指令的尊重，还展现了你独立思考与解决问题的能力，这不仅能让上司更加信任你，还能在团队中树立你的专业形象。

案例：如何通过主动思考与反馈提升团队效率

某大型企业技术副总监刘总在公司接到了一项紧急任务——缩短新产品的开发周期，以便抢占市场先机。

不要听话照做，刘总的调查与规划

当刘总收到CEO的指令时，并没有简单地照办，而是选择先进行全面的分析和规划。

刘总首先带领团队回顾了项目的时间表和资源分配，发现如果强行压缩开发周期，将可能导致产品质量下降，并削弱测试环节的有效性，最终可能对市场表现产生负面影响。他意识到，如果问题未被充分沟通和解决，公司可能面临更大的风险。

与上司协调，用方案说话

随后，刘总主动与CEO沟通，他没有直接反对缩短周期的要求，而是基于实际情况，明确指出压缩时间可能带来的潜在问题，同时提出了一套替代方案：适当延长关键环节的时间，并优化开发流程，通过并行处理部分任务提高效率，以确保产品按时交付且质量达标。

CEO听取了刘总的建议后，认可了他的分析和调整方案，并授权他负责具体实施。最终，新产品不仅如期推出，且由于质量更优，市场反响超出预期，公司赢得了客户的一致好评。

在这个案例中，刘总并未机械地执行CEO的指令，而是通过主动思考、反馈与协作，帮助高层优化决策，既提升了团队效率，也彰显了自己的专业能力与责任担当。

向上管理的核心要义

向上管理的核心绝对不是一味地“听话照做”，而是通过主动思考、分析和反馈，帮助上司做出更科学、更合理的决策。作为下属，应该主动理解上司的目标与意图，并在执行过程中提出反馈和改进建议。通过这样的辅佐行为，你不仅能提升团队的执行力，还能彰显个人的价值，从而促进自己的职业发展。

误区3：向上管理=溜须拍马

在职场中，许多人对向上管理的理解停留在表面，甚至将其等同于“溜须拍马”。这种认知误区让部分人认为，通过迎合上司的喜好和恭维便能获得认可。然而，这种行为虽然可能短期奏效，但从长远看，它对个人职业发展和组织健康都是有害的。

为什么溜须拍马效果有限？

1. 效果短暂，难以持久

溜须拍马的方式往往只在短期内奏效，特别是在上司对员工的实际能力尚未完全了解的情况下。这种策略无法长期维持，因为它无法创造真正的价值。一旦上司察觉到你的奉承与实际能力不符，不仅认可度会下降，甚至可能让你失去发展的机会。

2. 破坏信任，降低职业可信度

在职场中，信任是上下级关系的基石。一旦上司意识到你过分依赖溜须拍马的方式，而忽视实际工作中的贡献，这种行为可能会损害双方的信任关系。上司会认为你的工作动机不纯，甚至会质疑你的职业操守，最终导致你在团队中的地位被边缘化。

3. 依赖潜规则，缺乏核心竞争力

溜须拍马本质上依赖于不成文的“潜规则”。然而，潜规则通常缺乏公平性和透明度，与显性规则相比，它更不具备长期竞争力。优秀的职业发展应建立在显性规则的基础上，如：绩效、专业能力和责任感，而不是通过讨好上司来获取短期的支持。

正确做法：以绩效为导向的向上管理

向上管理的核心不是迎合，而是通过具体行动和成果来证明自己的价值。在这一过程中，下属应主动以绩效为核心，树立专业形象，与上司建立基于信任的合作关系。

1. 专注显性规则，提升核心竞争力

显性规则是职场中的“明规则”，如明确的绩效目标、考核标准和工作指标。下属应通过努力提升自身和团队的绩效，优化工作流程并达成目标，从而获得上司的认可。相较于依赖溜须拍马，依靠显性规则赢得上司信任更加稳定和可靠。

2. 用专业能力建立信任关系

上司与下属之间的信任更多地基于下属的专业能力和责任感。下属应展现出对工作的掌控力和执行力，同时以解决问题的态度对待每一项任务。通过提供高质量的成果、准确的信息和有价值的建议，可以增强上司对你的信任。

某设计总监用自己的亲身经历向大家展示了专业能力带来的认可。

在一次产品设计会议中，这位设计总监提前准备了多种设计方案，并针对每种方案的优劣进行了详细分析。上司采纳了其中一个方案，并在执行过程中多次表扬该设计总监的专业性。这种基于专业能力的信任远比通过奉承获得的认可更为稳固。

3. 主动汇报与反馈，增强合作深度

溜须拍马式的“沟通”往往表面化且缺乏实质内容，而基于绩效导向的向上管理强调主动汇报和有效反馈。在日常工作中，下属应定期向上司汇报工作进展，并主动邀请上司对当前任务提出改进建议。这种双向互动不仅能帮助优化任务执行，还能增强上下级间的合作深度。

案例：如何以绩效为导向提升向上管理效果

某科技公司的产品副总裁张总接到CEO的任务，要求团队开发一款创新软件，并在三个月内上线。张总意识到这个任务的时间要求异常紧迫，同时也看到了背后潜藏的风险。

在其他高管纷纷表态支持CEO的计划时，张总并没有一味附和或急于表忠心。他决定先从专业的角度出发，对任务的可行性进行深入分析。

经过详细调研，张总发现项目当前的资源配置和时间表无法满足高质量交付的要求。如果强行推进，不仅产品质量会受到影响，用户体验也可能因此受损，最终拖累公司的品牌声誉。

张总随即准备了一份数据翔实的报告，清晰地阐述了原计划的风险，并提出了一个优化方案：通过调整优先级、增加资源支持，以及分阶段上线功能模块，可以既保质量又准时完成部分目标。他在向CEO汇报时，既表达了对公司战略目标的支持，也用专业分析与详细方案赢得了CEO的信任。

最终，CEO认可了张总的建议，采纳了调整后的计划，并将张总的部门视为后续项目的核心实施单位。事实证明，这一优化方案在实际落地后效果显著，不仅达成了既定目标，还让公司的市场表现更加稳健。

向上管理的核心要义

在职场中，“向上管理”被部分人误解为对上司附和、讨好。然而，真正的向上管理并不是通过奉承获取认可，而是通过专业能力、清晰的目标传递和高效的协作，为上司和组织创造实际价值。这种方法不仅能够提升团队绩效，还能帮助个人在职场中建立可信赖的专业形象。

深度洞察：向上管理的核心价值

向上管理不是单纯的技能，而是价值观、思维方式和行为模式的综合体现。在职场中，它承载了以下三种核心价值：

1. 对目标的忠诚

向上管理的最终目标，是帮助上司和团队达成共同的目标。无论是通过优化关系，还是提出改进方案，其出发点都应是对组织目标的高度忠诚。

2. 对规则的尊重

向上管理并非挑战权威，而是基于规则框架下的主动协作。尊重组织规则并在此基础上寻找改进空间，既是职业操守的体现，也是实现自我价值的路径。

3. 对成长的追求

向上管理不仅帮助团队成功，更是在助推自身成长。通过不断优化与上司的合作方式，提升自己的专业能力和全局视野，最终实现职场角色的升级。

向上管理是一种修炼，更是一种责任。

在快速变化的职场中，唯有摆脱误区，回归本质，用智慧和能力辅佐上司，用信任和协作推动团队目标实现，才能让自己真正成为组织不可或缺的一环。以正确的方式向上管理，你收获的不仅是职场效能的提升，更是职业道路上行稳致远的核心竞争力。

2. 向上管理中的文化差异：跨文化职场陷阱

在全球化背景下，很多人都会问笔者："向上管理在外企也同样适用吗？"实际上，无论在中国的企业还是在跨国公司，向上管理都是一项核心能力，只不过各自的企业文化和沟通方式存在差异。

在我们的培训课程中，笔者经常和学员分享这样一个案例：有位学员在外企工作时，总觉得自己无法精准传递关键信息，原因在于她习惯了中国式的委婉和含蓄。而当她试图用更直接的方式沟通时，又担心过于激进，会触碰到上司的权威。通过反复模拟真实情景和多次角色扮演，她最终找到了平衡——既能保持尊重，又能直击问题核心。她的转变不仅让她在跨文化团队中赢得了上司的信任，也显著提升了整个团队的协作效率。

所以，不管你是在中国企业，还是在外企工作，向上管理都需要你去理解和适应不同的文化背景。

跨文化职场中的"隐形规则"

在全球化的职场环境中，"向上管理"因文化背景的差异而呈现出显著的多样性。某些行为在一种文化中被视为职业素养的体现，却可能在另一种文化中被误解为挑战规则或不合时宜。正是这种文化差异，使得向上管理成为跨文化职场中的一大挑战。

要在跨文化环境中有效地实践向上管理，首先需要理解不同文化对上下级关系、沟通方式和权力距离的认知差异。否则，不经意间触碰文化禁忌，就可能让你的职场表现大打折扣。

文化差异的三大核心维度

1. 权力距离：如何看待上下级关系

（1）高权力距离文化：这些文化通常强调等级观念和对权威的尊重。在这种环境下，下属更倾向于遵从上司指令，而不轻易提出不同意见。过于主动的行为可能被解读为挑战权威。

（2）低权力距离文化：这些文化更倾向于强调平等与开放。下属被鼓励直接与上司沟通，甚至对决策提出质疑。过于拘谨的态度可能被误解为缺乏信心或能力。

权利距离应对对策：根据文化特性调整行为风格。在高权力距离文化中，注重尊重上司的权威，谨慎表达意见；在低权力距离文化中，主动提出建设性建议，并注重与上司的互动。

2. 沟通方式：直接与间接的平衡

（1）高语境文化：这些文化更倾向于间接表达，通过隐喻、暗示或非语言信号传递信息。直言不讳可能被认为缺乏礼貌或敏感度。

（2）低语境文化：这些文化偏好清晰、直接的沟通方式。隐晦表达可能被视为不坦率或不专业。

语境文化应对对策：在高语境文化中，学会通过细腻的沟通技巧传递信息，例如巧妙借助数据和情景化表述；在低语境文化中，重视沟通的清晰性和逻辑性，直接而不失礼貌地表达观点。

3. 集体主义与个人主义：目标的优先级

（1）集体主义文化：集体利益优先，强调团队合作与和谐。过于强调个人表现可能被视为自私，影响团队关系。

（2）个人主义文化：个人价值和成就优先，独立性和自主性备受推崇。过于依赖团队可能被解读为缺乏独立能力。

集体主义与个人主义应对对策：在集体主义文化中，重视团队目标，展现协作能力；在个人主义文化中，主动展现个人价值和独特贡献，但注意适当融入团队氛围。

案例：跨文化向上管理的成功实践

Emma是一家跨国科技公司的英国项目经理，负责协调总部与中国分部之间的合作。初到中国分部时，Emma注意到团队成员对她的指令执行得非常迅速，但几乎没有人主动提出意见或建议。

一次项目评估会上，她直接指出了团队在时间管理上的不足，并要求大家调整计划。然而，这种直白的批评让团队感到不安，甚至有成员私下议论Emma“太强势”“不尊重人”。

同时，中国分部的副经理张先生在向总部汇报时，常使用含蓄的表达方式，例如“我们正在努力推进，但可能需要更多支持”，而缺乏明确的数据和具体的请求。这让Emma和总部高层觉得沟通效率低下，甚至怀疑中国团队的执行力。

案例分析：

1. Emma的问题在于低语境文化的直白沟通方式无法适应高语境文化的工作环境。她的批评虽然出于职业责任，但缺乏缓和的语气和文化敏感性，导致团队士气受挫。

2. 张先生的问题则在于，高语境文化的间接表达方式让总部难以迅速理解实际需求，从而错失了争取资源支持的机会。

解决方案：双向文化的适应与融合

Emma意识到在高语境文化中，直白的批评容易被视为人际攻击。她开始学习中国职场的沟通习惯，在提出问题时，先肯定团队的努力，例如“大家已经为这个项目付出了很多努力，我很感激。”随后以建议替代指责，例如“如果我们能在时间管理上做一些微调，或许可以更顺利地达成目标。”通过这种方式，她既表达了自己的想法，也维护了团队的关系。

张先生学习了低语境文化中对数据和逻辑的重视。在下一次向总部汇报时，他通过清晰的PPT展示，列出了项目进展中的关键数据，并明确提出了团队当前面临的瓶颈和所需资源。例如，他直接说明：“我们需要增加20%的预算支持来加快研发进程，否则可能延迟3个月交付。”这种直接而专业的表达方式赢得了总部的信任。

通过Emma和张先生的案例可以看到，文化差异并非不可逾越的障碍。相反，学会识别并主动适应这些差异，不仅能有效解决沟通和协作中的问题，还能为组织创造更多的价值。这正是向上管理在跨文化情境中的精髓所在。

拥抱文化多样性，打造向上管理的全球化视角

文化差异是向上管理中的一把双刃剑：理解不足时，它是陷阱；而正确运用时，它则是优势。有效的跨文化向上管理，需要我们敏锐地洞察文化背后的潜规则，调整沟通与行为方式，以实现上下级之间的协同增效。在全球化的职场环境中，学会适应和尊重文化差异，正是个人与组织取得成功的关键所在。

在文化交融中驾驭向上管理的力量

跨文化职场是挑战，更是机遇。文化差异可能带来误解与冲突，但它们同时也是创新与进步的源泉。向上管理在多元文化背景下的实践，不仅要求下属具备专业能力和主动性，还需要更高层次的文化敏感度和适应力。

真正的向上管理并非强行弥合文化差异，而是通过深刻理解差异，找到相互合作的平衡点。无论是东方的“关系为先”，还是西方的“结果导向”，它们在不同的职场场景中各具优势。将这些文化智慧融会贯通，才能在全球化的职场中游刃有余。

向上管理，不仅是对个人能力的锤炼，更是一种跨文化职场生存智慧的体现。当我们学会在多元文化中找到共鸣时，既能辅佐上司实现目标，又能让自己在职场中脱颖而出，这才是真正意义上的职场“无国界”。

3. 常见误区解析：如何避免“过度管理”

许多管理者曾向笔者抱怨：“我不知道该怎么把握管理的尺度，太紧员工没法发挥，太松又担心失控。”

你是否也有类似困惑？这种困惑不仅存在于向下管理中，同样适用于向上管理。如果过分干预上司，就会给人一种“越位”的感觉，仿佛你在不该插手的地方谋取私利；而如果放得太松，上司又会觉得你敷衍塞责，没有尽

到协助决策的责任。

这种管理上的“失衡”，不仅让团队陷入低效，更可能破坏彼此信任。接下来，笔者将和你一起探讨如何避免这种“过度管理”，找到恰到好处的管理平衡点。

什么是“过度管理”？

过度管理是指下属在向上管理中越过了合理的界限，试图过多干涉上司的决策或行为，甚至超越了自己的职权范围。这种行为的常见表现为：

1. 过度参与：对上司的工作安排、风格，甚至私人事务提出过多意见，试图影响，甚至控制上司的行为。

2. 过度控制：利用信息优势或频繁干涉，影响上司的判断和行动，试图达到自己的目的。

3. 过度表现：为赢得上司关注，不断进行“表演式”工作，而忽视实际产出。

案例：过度管理的反效果

陈总是某跨国企业的区域副总裁，能力极强且拥有丰富的经验。然而，他的自信逐渐演变为恃才傲物，认为自己最了解项目细节，其他人难以匹敌其判断。在负责推动一项战略性产品线扩展的过程中，陈总采取了极端的管理方式，不仅对下属工作处处插手，而且不愿适当放权。

在具体执行中，陈总要求各部门提供详尽的周报，并频繁组织额外会议，逐项审查每个环节。即使上级提出了调整方向，他也固执己见，利用详细的数据和分析反复挑战上司的决策，多次强行修改方案。虽然初衷是为了确保项目万无一失，但他过度介入的管理方式实际上削弱了团队中其他成员的自主决策能力，也使上级对他的判断产生了质疑。

最终，这种以“能力论高低”的过度管理模式带来了两个主要问题：

信息不对称与决策困境：上级逐渐减少与陈总的直接沟通，转而依赖其他部门的信息，部分原因是对陈总一意孤行的不满；

团队士气低落与效率下降：由于不断的干预和方案频繁修改，团队成员不仅感到疲惫，甚至对整体目标逐渐失去了信心，导致执行效率严重下滑。

为什么会产生“过度管理”？

“过度管理”常常源于以下几个原因：

1. 对向上管理的误解：一些人误以为向上管理就是控制上司、引导上司按自己的意愿行事。

2. 职场焦虑驱动：害怕被忽视或觉得自己不被重视，因此通过过度干涉上司决策来彰显自己的存在感和价值。

3. 信息不对称：某些下属掌握了关键性信息后，错误地认为自己可以利用这些信息干预上司的决策，甚至代替上司做出判断。

4. 缺乏边界感：一些下属未能清晰地理解自己与上司之间的职责划分，错误地认为越多干预越能体现自己的价值。

“过度管理”的危害

“过度管理”带来的危害远不止失去上司的好感。它可能会：

1. 破坏信任：上司可能认为你是在挑战其权威，尤其当你试图干预他人的决策时，这种行为可能直接影响你的晋升机会和职业发展。

2. 影响效率：频繁的干涉会让上司不得不花费时间“对付”你的建议，甚至对你的后续工作安排产生戒备心理，拖慢整体节奏。

3. 角色失衡：下属陷入了“管理”角色，忽略了自己的核心职责，导致工作重心偏离，甚至无法专注于完成自己该做的工作。

如何避免“过度管理”？

要避免“过度管理”，首先要明确自己在职场中的角色，理解自己与上司之间的职责划分。以下是一些避免“过度管理”的实用建议：

1. 明确边界感：清晰了解自己的职责范围，尊重上司的管理权，避免越俎代庖。例如，你可以提出建设性意见，但必须清楚表明自己并非在取代上司的决策，而是提供有价值的信息支持。

2. 注重实效：优先做好自己的本职工作，通过实际的工作成果赢得上司的认可，而不是通过频繁的展示来获取关注。你的表现应该是从工作中自然而然地体现出来的，而非通过“表演”来增加存在感。

3. 平衡沟通频率：与上司沟通时，确保表达简洁、有理有据，同时尊重上司的时间。例如，你可以定期汇报工作进展，但应避免无关紧要的“信息轰炸”，确保每次沟通都有实质性内容。

避免过度管理的平衡之道

向上管理的核心是“辅佐”而非“干预”，是“支持”而非“控制”。下属在实践向上管理时，要始终牢记：上司的权威不容挑战，团队的目标才是共同的方向。通过专业、理性和适度的辅佐，构建信任、提升协作，才能真正实现双赢。

向上管理的艺术，在于平衡主动性与边界感。避免“过度管理”，不仅是维护职场关系的需要，更是展现职业成熟度的最佳方式。在职场这盘棋局中，清楚自己的角色、尊重上司的权威，才能让每一步都走得稳健而有力。

本章总结

1. 构建协作关系而非越权干预

向上管理不在于控制上司，而在于建立一个相互支持、双向沟通的协作体系。

2. 主动反馈超越被动执行

仅仅听话照做无法激发创造力，唯有通过主动反馈与提前预判，才能真正为组织增值。

3. 绩效与专业胜过溜须拍马

短期的奉承只能博取一时好感，而以数据与专业分析为支撑的实际贡献，才能赢得长期信任。

4. 明确角色与边界，尊重职权分工

理解上下级间固有的职责分工，避免因越界干预而引发信任危机和组织混乱。

5. 优化沟通机制，消除信息不对称

通过精确、及时的信息传递和建议，帮助上司做出更明智的决策，构建高效的管理闭环。

6. 跨文化敏感性是向上管理的加分项

在多元文化背景下，理解并尊重不同文化中的权力距离和沟通风格，是高效向上管理的必要条件。

7. 以数据驱动，构建可信赖的辅佐体系

用翔实的数据和清晰的分析来支持建议，不仅能优化决策流程，也能彰显自身的专业能力。

8. 避免过度管理，防止适得其反

频繁干预上司的决策只会引发权威冲突与执行低效，反而削弱团队协作与整体效率。

9. 持续自我革新，提升认知与适应力

向上管理是一个不断学习、反思和改进的过程，只有不断升级自我认知，才能适应复杂多变的职场环境。

10. 双赢理念：个人成长与组织目标共振

真正的向上管理在于建立一个你与上司、团队之间的共赢生态，通过主动协同，实现个人与组织的持续发展。

第二部分

钻石模型：与上司互相成就的六大行为

第三章

识别环境：职场全景“导航系统”

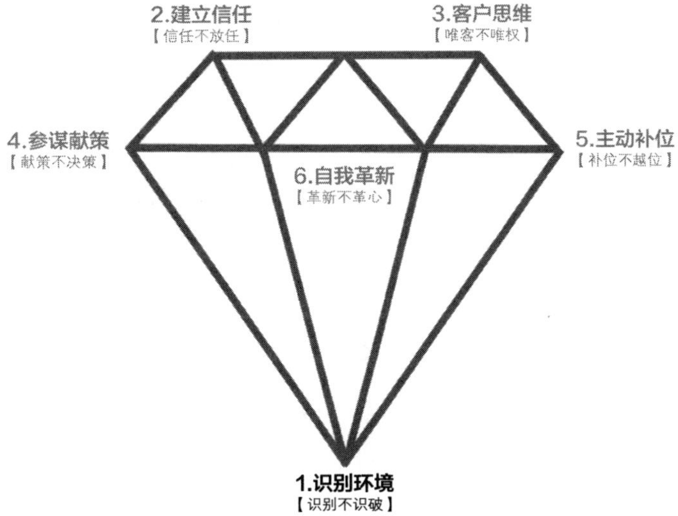

1. 组织层面：五星模型快速扫描

在职场中，是否能快速、精准地了解工作环境，决定了一位职场人的适应速度和成长潜力。面对复杂的组织体系、跨部门的协作流程，以及多样化的管理风格，仅凭直觉和经验远远不够。真正的职场高手，善于通过系统化的思考工具，构建全景视角，为自身发展和团队赋能找到最佳路径。

我们研发出了一个全面的“职场导航系统”，从五个核心维度切入，帮助职场人清晰地识别、解读和适应工作环境（详见图3–1）。这五个维度分别是：

图3–1　向上管理五星模型

1. 战略：明确组织的方向和定位

战略是组织的灵魂，它决定了企业如何在行业竞争中制胜。只有了解组织的业务逻辑、行业趋势以及目标规划，才能确保个人目标与组织战略同频共振。

2. 组织：透析架构与角色的运转逻辑

组织架构是企业运作的骨骼系统。深入理解架构演变、汇报关系及责权分配，不仅能帮助你快速融入团队，还能洞察关键岗位的运转规律。

3. 文化：领悟隐性规则与行为准则

文化是组织的软实力，它通过价值观、行为规范，以及荣誉体系，潜移默化地影响每一个员工的工作方式。了解文化的内涵，才能更好地适应环境并找到自身的定位。

4. 运营：问题的有效解决与管理成效的巩固措施

在部门运营过程中，应重点关注关键绩效指标的过程与结果，持续评估是否达成上级或决策者的期望。如果发现运营环节中存在薄弱点，应主动协助上级或团队寻求改进方案，通过优化流程与资源配置，巩固并提升管理成效。

5. 团队：团队成员所彰显的工作热情与工作绩效

向上管理离不开对团队氛围与绩效目标的精准把握。充分感知团队的文化与工作热情，调整自身的沟通与协作方式，能够有效融入团队并提升整体效率。在此过程中，你不仅能发挥个人价值，更能与团队共同创造可持续的绩效成果。

五星模型全面解析

有一位我们的学员，刚入职一家企业，看到这个五星模型，觉得各个点都挺好，都很有章法，但是运用到自身就感觉无从下手了。

这位学员谈及自身时说道：“我刚入职一家公司，对很多事情都不太熟悉；虽然我看过公司的战略规划，也知道部门大概的职责分工，但在实际工作中还是一头雾水。比如，领导常常提到‘要与公司目标保持一致’，可我连组织的核心战略是什么都没彻底搞清楚，更别说怎么配合了；团队里也有很多默契的‘潜规则’，不知道怎么融入。老师，能不能从专业角度，给我详细解读一下这个职场导航系统，让我在工作中少走点弯路？”

身为读者的你，肯定在职场中也遇到过类似的困惑，这意味着你需要一个系统性的指引，帮助你从宏观到微观、从环境到个人，都能更好地把握工作要领。下面，笔者将从专业的向上管理视角，对这五个核心维度进行更深入的解读和场景化说明，力求让你在看完后能立刻在工作中找到切入点与行动方向。

1. 战略：明确组织的方向和定位

（1）核心要点

①从行业格局切入：先了解公司所在的行业现状和发展趋势，理清企业的核心竞争力与独特定位。

②与个人目标对齐：在个人的工作计划或项目目标中，融入公司战略关键词，让上级看到你对大局的把握。

（2）场景示例

①项目启动：假设你要负责一个新产品的推广，先查阅公司内部的年度战略重点或高层会议纪要，提炼出“增长”“创新”等关键词，然后在方案中明确体现这些战略方向。

②汇报沟通：如果领导关心行业动态，你可在汇报前收集最新行业数据和竞品动向，结合公司战略做出预测或分析，给出具体应对建议。

2. 组织：透析架构与角色的运转逻辑

（1）核心要点

①汇报链与决策流程：梳理清楚谁在何种情况下具有决策权，能避免沟通时绕远路。

②横向协作与资源协调：了解各部门的职能定位与考核指标，在需要支持或合作时，能更准确地找到突破口。

（2）场景示例

①跨部门合作：管理者需要市场部门提供客户数据，却苦于不知道具体负责该数据的人是谁。这时，先弄清市场部的架构，找到数据分析岗的负责人或与其对接的同事，沟通就会更有效率。

②多重汇报关系：在一些大型组织中，项目负责人可能需要同时向两位领导汇报。若你能先搞清楚每位领导关注的重点，汇报时就能做到有的放矢，争取更多支持。

3. 文化：领悟隐性规则与行为准则

（1）核心要点

①价值观与行为模式：企业文化常常影响决策风格、沟通方式和会议氛围等具体工作习惯。

②潜移默化的“游戏规则”：有的公司崇尚结果导向，容忍一定程度的冒险；有的则重视流程与合规，注重稳健推进。

（2）场景示例

①沟通风格：如果公司文化提倡“坦诚沟通”，你在会议中提出不同意见时，往往能得到领导的鼓励；若文化偏向“权威决策”，则需要私下先与相关领导充分沟通，以免在公开场合产生对立情绪。

②决策效率：一家重视“快速试错”的公司可能会鼓励你快速上线新功能，即使有小瑕疵也能在迭代中修复；而注重“稳健保守”的文化，往往会要求更全面的风险评估与审批流程。

4. 运营：问题的有效解决与管理成效的巩固措施

（1）核心要点

①聚焦关键指标：定期追踪和评估部门或项目的核心KPI，以判断是否达成上级的预期。

②主动发现问题并改善：运营薄弱点常常是团队或组织容易忽略的地方，若你能及时提出改善方案并跟进落实，就能彰显你的责任感与专业度。

（2）场景示例

①KPI下滑：当销售数据不理想时，你不仅要呈现问题，还要提出至少两种可行的应对方案，并衡量各方案的投入产出比，让上司看到你的思考深度。

②流程优化：如果公司缺少有效的项目追踪工具，你可以主动牵头引入一款看板工具，或与IT部门合作开发简易的进度监控平台，为后续决策提供数据支撑。

5. 团队：团队成员所彰显的工作热情与工作绩效

（1）核心要点

①理解团队文化：每个团队都有自身的运作模式和“默契”，包括沟通

节奏、会议频率，甚至是玩笑尺度等。

②协同与激励：在团队中展现协作精神，善于发现他人亮点并积极反馈，不仅能融入氛围，也能提升整体工作效率。

（2）场景示例

①融入团队：如果你的团队特别热爱头脑风暴，每次开会都积极讨论，你就可以提前准备想法或案例，主动参与讨论，快速获得认同。

②贡献与激励：当你发现某位同事在某个环节表现突出，及时给予肯定或请上司予以表扬，不仅能激发团队士气，也能为自己树立“有担当、善合作”的专业形象。

五维透视，职场制胜的全景导航

通过对这五个维度的深入理解与场景化应用，你会发现很多职场中的“难题”其实都有迹可循。笔者真诚地建议：

1. 信息收集与观察：持续关注公司对外和对内的变化，掌握最新的行业与组织动态；

2. 快速反馈与行动：当你发现问题或机会点，应尽早与相关方沟通，并拿出初步思路或方案；

3. 持续总结与迭代：在实际工作中，不断验证这些方法的有效性，并结合新的环境和人际关系进行微调。

2. 上司层面：MIPS模型分析法

你了解你的上司吗？

我们的很多学员常常有这样的疑惑：

每天和上司交流、汇报，却总感觉对方的真正想法扑朔迷离？

工作汇报后，总觉得上司的反馈似乎隐含着更多信息，却不知该如何解读？

在这个瞬息万变的职场环境中，很多管理者可能都会遇到这样的困境。这就说明在职场中，了解组织和业务至关重要，但真正的高手往往懂得——读懂上司，才是破解管理密码的关键。作为中高层管理者，你每天的核心工作，不只是执行任务，更是解读上司的动机、性格与决策逻辑，在纷繁复杂的环境中找到高效协作的最佳路径。

上司不仅是目标的设定者，更是资源的分配者和绩效的评估者。他的偏好、能力与风格，决定了团队的方向和成效。而现实却是，很多人只关注"自己要完成什么"，却忽略了"上司真正需要什么"，从而让沟通与执行事倍功半。

如何理解上司这个"变量"

一套系统化的方法，能够让你快速拆解复杂的人际互动，找到清晰的行动方案。MIPS模型——动机（Motivation）、兴趣（Interest）、个性（Personality）与技能（Skills），为我们提供了一种科学的分析工具（详见图3-2）。通过这四个维度，你可以精准洞察上司行为背后的深层逻辑，实现工作效率与职场价值的全面提升。

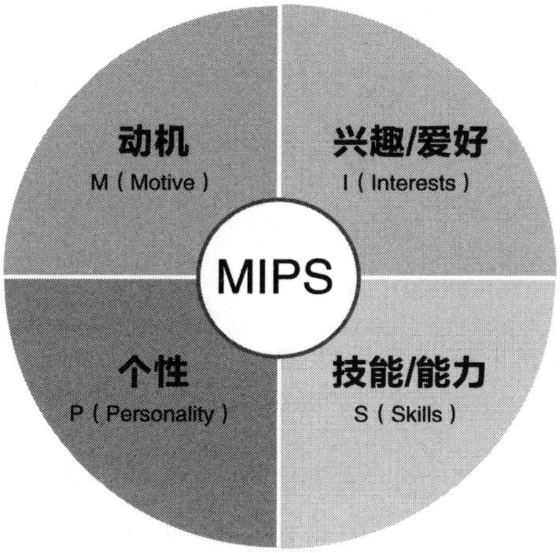

图3-2　MIPS模型分析法

这不仅是一种能力，更是一门战略艺术：

1. 理解动机，帮助你对上司的核心需求心知肚明。

2. 捕捉兴趣，让你找到影响决策的最佳切入点。

3. 洞悉个性，让沟通风格与决策逻辑无缝对接。

4. 识别技能，帮助你补强上司短板，释放团队潜力。

接下来，笔者将带你深度剖析MIPS模型的每一个维度，辅以经典案例，为你呈现职场沟通与管理的“真相”。

M：动机——解读驱动决策的内核力量

动机是推动个体行动的内在引擎，而在职场中，理解上司的动机，是建立有效协作的起点。每一位上司的决策行为，都深受其动机结构的影响。动机分为外在动机与内在动机，两者既对立又相辅相成（详见图3–3）。深刻理解这两类动机，可以让管理者在与上司的互动中，游刃有余。

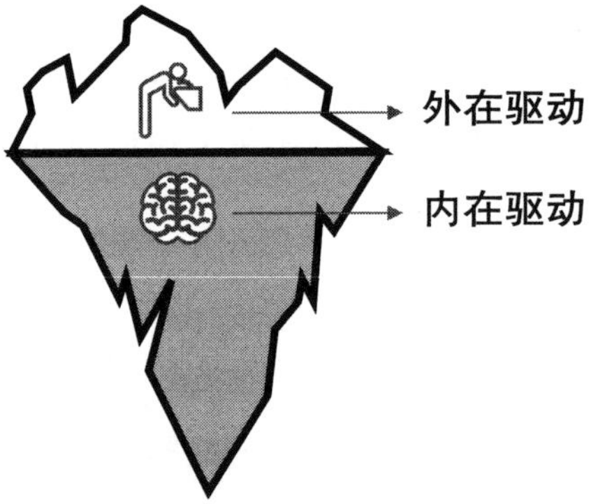

图3–3 动机驱动

1. 外在动机：源于外部奖励与压力

外在动机通常驱使上司更关注“可量化”的结果和成效。这些动机往往与外部奖励、评价或压力挂钩，例如，金钱激励、职务晋升、业绩排名等。它们能迅速促使上司采取行动，但也可能因外部环境变化而削弱持久性。外在动机主要表现为以下两类驱动力：

（1）目标型驱动力：上司将“达成绩效目标”视为第一优先级，比如销售额增长、市场份额占领或部门年度KPI完成率。这类上司对数字和结果高度敏感，倾向于设定清晰的目标，并督促团队严格执行。

（2）惩罚规避型驱动力：有些上司的行为更倾向于避免失败或规避风险，特别是在高管压力或股东审视下。这类动机表现为对“零失误”的执着和对潜在负面后果的高度敏感。

2. 内在动机：由兴趣与愉悦驱动

内在动机则是“由心而发”的驱动力，它来源于个体对任务本身的兴趣和满足感，而非外部奖励的刺激。相比外在动机，内在动机往往更具持久性，同时体现上司的价值观和个人追求。主要表现为以下三方面：

（1）自主性：上司在决策和行动中，希望掌握完全的控制权。这类上司强调独立性，不喜欢被过多干涉或束缚。当面对重视自主性的上司时，管理者应避免呈现过度依赖的状态，而是以“建议+数据”的方式提出方案，明确表示“您拥有最终决策权”。这不仅尊重了上司的自主需求，也让对方更愿意听取建议。

（2）掌控感：这类上司相信自己的专业能力和经验是成功的关键，外界环境或偶然因素只是辅助条件。他们通常乐于迎接挑战，尤其是在高复杂度的任务中展现自己的掌控能力。

（3）心流体验：上司对某项任务本身充满兴趣，完全沉浸其中时，会表现出极高的效率和热情。这种动机在解决问题、推动创新时尤为显著。

管理启发：如何高效协作

要与上司高效协作，关键在于解读其动机类型，并因人而异地制定沟通与协作策略：

1. 外在动机强烈的上司

（1）汇报时突出“结果”和“目标”；

（2）将资源分配和风险评估作为重点内容；

（3）主动承接具体任务，减少双方压力。

2. 内在动机强烈的上司

（1）提供能激发兴趣和成就感的议题或建议；

（2）给予上司充分的决策自主权，避免过度干预；

（3）强调任务中的挑战性和创造性价值。

无论是外在动机还是内在动机，洞察并迎合上司的核心驱动力，是提高职场效率的关键。这不仅有助于快速获得上司认可，更能让团队目标与个人价值实现深度融合，从而成就双赢的工作关系。

I：生活兴趣——揭示深层行为偏好

上司的生活兴趣往往能反映出其性格特质和行为风格。了解这些兴趣并不意味着要去模仿或刻意迎合，而是为了找到合适的沟通方式和话题切入点，降低交流壁垒。

如果上司喜欢看书，是文学类，还是实用类，大致能看出他更偏好创意，还是方法论；

如果他爱打篮球、踢足球，我们不必非得也会运动，但了解一些赛事、球队，能让聊天不至于找不到话题；

如果他热爱旅行或电影，也只是意味着我们可以在合适的时候有点共同语言，而不必为了“对口”而刻意准备。

这些生活层面的观察，只是帮助我们找到更自然的沟通路径，不需要用力过猛，也无须刻意“对标”。

管理启发：兴趣为导向的高效沟通策略

兴趣是一座桥梁，通过“投其所好”实现高效沟通，不仅能赢得上司的关注，还能迅速建立信任。以下是几点管理建议：

1. 从兴趣切入，构建亲和力： 在日常交流中，通过观察上司的兴趣偏好，找到双方的共同话题。例如，喜欢阅读的上司，你可以推荐一本与你工作相关的书籍；热爱运动的上司，可以聊聊近期的赛事或健身体验。

2. 调整汇报风格，迎合偏好： 对文化偏好的上司，多运用视觉化的表达（如PPT、视频）；对数据控上司，则需提供完整的逻辑和备选方案。

3. 兴趣作为激励杠杆： 在项目推进中，适当嵌入能激发上司兴趣的内容，例如，通过创新设计迎合艺术型上司，通过突破性成果吸引挑战型上司。

4. 动态调整沟通策略： 上司的兴趣也会因时间或任务不同而变化。作为下属，你需持续观察并灵活调整沟通方式，确保与上司始终保持高效的互动状态。

在管理中，“兴趣”并非无关紧要的“软性信息”，而是解读上司决策风格的重要密码。透过兴趣看行为，你不仅能更好地服务团队目标，还能在职场中建立更加精准、高效的协作模式。

P：个性——DISC模型与上司管理策略的深度运用

个性是行为的内在驱动力，对上司的沟通偏好、管理风格以及决策方式有着深远的影响。借助经典的DISC性格模型（详见图3-4），我们可以对上司的个性进行精准分析，并制定高效的应对策略。这不仅有助于优化沟通效率，还能提升整体团队的协作效果。

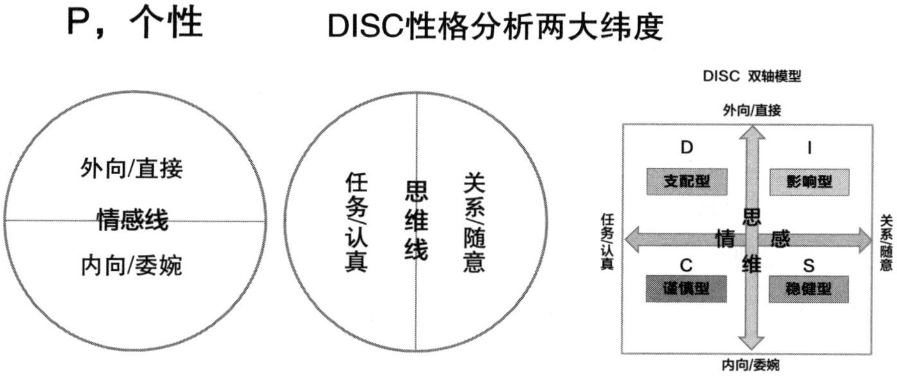

图3-4 DISC性格分析

DISC性格类型：四大风格解析与管理应对策略

不同性格的上司在管理风格、决策偏好及沟通方式上各具特点，深入了解并精准应对，可以显著提升工作效率和职场表现。以下从支配型、影响型、稳健型、谨慎型四类上司特征入手，逐一分析应对策略。

1. 支配型（Domince）：目标导向的权威者（详见图3-5）

支配/老板型（Domince）
发号施令者
问题为主，需掌握状况

◇强硬的态度
◇充满竞争心态
◇要求下属立即服从
◇实际、果决、旨在求胜
◇对琐事不感兴趣

图3-5　支配型老板

性格特点：

（1）喜欢掌控局面，以结果为导向；

（2）强硬、果决，注重效率和胜利；

（3）不关注细节，抗拒冗长复杂的讨论；

（4）极其重视权威，不容挑战自己的决策。

应对策略：

（1）汇报方式：简明扼要，直入主题

在与支配型上司沟通时，优先呈现核心问题和解决方案，不需过多铺垫或细节描述。

示例："本周项目已完成80%，预计两天内达到既定目标。"

（2）服从与执行：尊重权威，迅速行动

严格按照指令执行，避免拖延或质疑其命令。如果确有改进建议，提前做好充分准备，并在适当时机提出，确保建议基于数据和逻辑。

（3）注重结果：用数据证明能力

支配型上司重视绩效，定期展示清晰的成果数据，以结果为依据争取信任与支持。

2. 影响型（Influence）：热情洋溢的社交者（详见图3-6）

影响/互动型(Influence)

口才好

以人为主，追求互动

◇善于交际，喜欢与他人互动交流

◇喜欢享受他人对他们的赞美

◇凡事喜欢参与

图3-6　影响型老板

性格特点：

（1）善于与人沟通，喜欢被认可与赞美；

（2）注重人际互动，倾向于参与感；

（3）在意情绪和氛围，对团队氛围敏感；

（4）偏好开放式讨论，喜欢创意和灵感碰撞。

应对策略：

（1）赞美与反馈：公开且真诚

经常以具体事例赞扬他们的领导力或决定，但避免虚伪或笼统地表述。

示例：“您的建议大大提升了团队的创意输出，确实非常高效。”

（2）与他们互动：建立轻松友好的关系

以开放心态接近他们，善于倾听并适时回应。即便有意见分歧，也要以正面和建设性的方式提出。

（3）参与感与创意：多提供合作机会

主动邀请他们参与讨论或决策，尤其是在需要鼓励和创意支持的环节。

3. 谨慎型（Compliance）：逻辑缜密的分析者（详见图3–7）

谨慎/修正型(Compliance)
善分析，重思考
以程序为主，追求限制

◇讲究逻辑而不喜欢感情用事
◇为人处世自有一套标准
◇喜欢弄清楚事情的来龙去脉
◇理性思考而缺乏想象力
◇是方法论的最佳实践者

图3–7　谨慎型老板

性格特点：

（1）注重逻辑和细节，凡事追求完美；

（2）喜欢清晰的规则与程序，不轻易冒险；

（3）决策基于数据和理性分析，较少受情绪影响；

（4）对模糊、感性的内容较为排斥。

应对策略：

（1）汇报内容：数据驱动，翔实可信

谨慎型上司更倾向于通过客观数据和严密逻辑进行决策。因此，汇报时需提供详细的背景信息和数据支撑。

示例："根据市场调查数据显示，A方案的潜在成功率为85%，且资源投入更低，建议优先考虑。"

（2）逻辑严密，直截了当

与这类上司沟通时，省略闲谈部分，直接切入正题，用清晰的逻辑阐述关键问题和解决方案。

（3）提前准备关键细节

针对可能被质疑的环节，提前做好功课，准备相应的数据和解决方案，以从容应对他们的追问。

（4）避免频繁调整

谨慎型上司对流程有较强依赖性，因此需要尽量减少项目过程中的变动，保持计划连贯性。

4. 稳健型（Steadiness）：设身处地的可靠者（详见图3–8）

稳健/支持型(Steadiness)
设身处地
以步伐为主，追求一致性

◇提出保证且尽量不改变
◇喜欢按章办事
◇不太喜欢冒险
◇不太喜欢很强势的人
◇喜欢考虑他人

图3–8　稳健型老板

性格特点：

（1）注重稳定与一致性，不喜欢频繁变动；

（2）关注按章办事，对标准化流程有较强依赖；

（3）通常比较体贴，愿意倾听团队成员的声音；

（4）对压力和不确定性相对敏感。

应对策略：

（1）保证计划的稳定性

避免频繁更改既定方案，若有必要调整，需详细说明原因和预期影响，确保他们能够接受。

示例：“由于市场反馈数据变化，我们建议对产品功能优先级进行微调，但整体方向保持不变。”

（2）汇报全面且具体

强调每个步骤的可行性，确保汇报逻辑清晰且覆盖到可能的隐患与解决方案。

（3）尊重他们的付出

在适当场合对他们的努力表示感谢，尤其是在团队协作中，注意突出其贡献。

（4）主动沟通问题

如果发现团队存在问题或压力，应直接向他们汇报，以获取建议或情感支持。

灵活调整沟通策略，精准适应上司性格

了解上司的性格特点并制定相应的应对策略，是职场向上管理的关键能力。无论是权威果决的支配型、热情互动的影响型、稳定可靠的稳健型，还是逻辑缜密的谨慎型，都需要通过观察、适配和主动调整，建立起高效的协作模式。

以尊重为前提，以专业为支撑，在不同情境中灵活调整沟通方式，才能赢得上司的信任和支持，为团队和个人发展创造更大的价值。

DISC模型不仅是一种分析工具，更是职场沟通与管理的核心武器。通过识别上司的性格特征，并灵活运用策略，你可以在复杂职场环境中实现高效协作，迅速赢得上司的信任与支持。这种能力不仅仅关乎工作本身，更是你职业发展的重要加速器。

S：技能——透析上司能力的边界与策略

在职场中，理解上司的能力边界是提升自身影响力的关键。上司的技能体系往往分为三大核心维度：通用能力、专业能力和管理能力。每一个维度不仅决定了上司在决策中的表现，还影响着团队协作的效率。真正掌握了上司的能力地图，你将能够在关键时刻补足短板，提高协作效能。

1. 通用能力：情绪管理与决策力的基石

通用能力是上司成功管理和领导团队的基础。它包括情绪管理、沟通表达与决策能力，这些能力使得上司能够在复杂的职场环境中游刃有余。

（1）情绪管理：上司的情绪调控能力直接影响团队氛围和决策效果。在压力大的环境下，能够保持冷静和理性决策的上司，通常会在团队中树立起领导力的威信。相反，情绪化的决策可能导致团队的不安和信任危机。

（2）沟通表达：沟通能力决定了上司是否能够清晰地传达战略意图并激发团队的执行力。高效的沟通者通常能够将复杂的任务转化为简洁明了的行动计划，避免信息的失真与传递迟滞。

（3）决策力：决策是管理者的核心任务之一，尤其是在面临复杂局面时，决策能力尤为重要。具备较强决策能力的上司，能够在信息不完全的情

况下快速做出选择，并承担相应的责任。这种能力使其能够引领团队走向成功或避免失败。

管理启发：

通用能力是上司成功的基础，通过观察上司如何在压力下管理情绪和做出决策，你可以有效地预测他们的反应模式，从而调整自己的沟通策略与行动步伐。提升自我情绪管理与沟通能力，使自己成为上司最为信任的支持者。

2. 专业能力：领域深度与技术权威性

专业能力是上司在行业中的立足之本。它体现在对特定领域的深刻理解与洞察力，直接影响决策的精准性与实际操作的可行性。

（1）技术型上司：通常拥有较强的技术背景，偏向于细化问题，注重深入的分析。他们对于团队的技术难题提供指导，专注于问题的本质，帮助团队提高专业水平。对于技术型上司，汇报时要注重细节和技术可行性，避免忽略细节。

（2）市场型上司：他们更关注市场趋势和客户需求，通常以战略性视角引领团队。在这种情况下，数据的准确性与市场反馈的及时性显得尤为重要。汇报时应突出市场动向、客户需求和竞争对手分析，帮助上司做出更高效的决策。

管理启发：

专业能力的关键在于上下游需求的匹配，了解上司的技术或市场领域深度，并针对性地提供相关数据与趋势分析，将大大提高沟通效率。同时，抓住上司的技术偏好或市场关注点，可以更快地获得其认同与支持。

3. 管理能力：激励、变革与资源整合

管理能力是上司是否能够领导团队完成复杂任务、推动变革和管理多元资源的核心要素。一个具备出色管理能力的上司，不仅能高效管理日常运营，还能在变革期引领团队适应新挑战。

（1）激励团队：上司激励团队成员的方式会直接影响团队士气。优秀的上司懂得通过正向激励提升员工的工作热情，及时表扬优秀表现，同时为团队成员提供成长空间与发展机会。

（2）推动变革：在行业快速变动的今天，具备推动变革的能力显得尤为重要。优秀的上司能够有效识别变化趋势并采取果断措施，引领团队在不确定的环境中前行。

（3）资源整合：管理者必须具备整合资源的能力。无论是时间、人力、资金，还是技术资源，能否合理配置并有效调配资源，将直接影响团队执行力与任务完成的质量。

管理启发：

优秀的管理者不仅能完成日常任务的执行，还能通过激励、变革和资源整合，引领团队突破瓶颈。作为下属，需要帮助上司识别潜在的资源整合机会，同时在变革过程中成为团队的重要支持者。

读懂上司，成就职场共赢

MIPS模型不仅是一个帮助你理解上司的工具，它更是一个促进高效职场协作的利器。通过对上司动机、兴趣、个性与技能的精准洞察，你能够在复杂的职场环境中快速适应，并通过正确的策略赢得上司的支持。

真正的职场高手从不盲目迎合上司，而是通过深刻理解上司的核心需求与决策模式，来实现更加高效的合作。MIPS模型让你看清上司，成就自我，最终实现职场共赢。

3. 自我层面：SEGA模型评估法

笔者的学员包括身边的朋友，工作一段时间就会产生疲劳期，产生瓶颈期，就会来问笔者：

我的表现是不是没能达到上司的预期？

为什么我的实际成绩总与理想结果相去甚远？

在竞争激烈的市场和复杂多变的组织结构中，单靠执行力是否足以支撑我的职业发展？

如果这些问题让你夜不能寐，说明你迫切需要一个系统化的方法来进行自我评估和提升。SEGA模型正是为此而生——它引导你全面审视自己，厘清上司的期望，评估当前状况，识别存在的差距，并找到切实可行的改进点（详见图3-9）。通过这样一个动态优化的策略闭环，你不仅能更精准地调整自己的发展路径，还能在向上管理中不断突破自我、赢得更多成长空间。

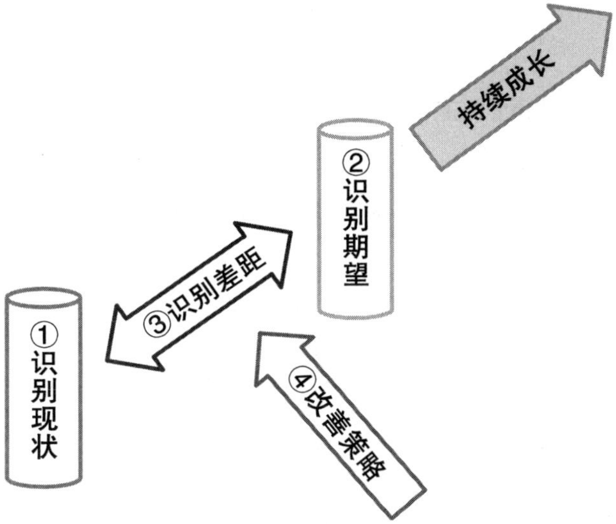

图3-9　SEGA模型评估法

SEGA模型正是基于这一理念，结合组织行为学、管理心理学与个人发展理论，为职场人士提供了一套科学化、体系化的思维框架。通过这套模型，能够清晰识别职业发展的关键要素，从而实现从自我定位到能力跃升的全方位优化。这种方法论的核心价值在于帮助职场人士不再被动适应环境，而是主动引领自我成长，从复杂的职场关系中掌控全局，最终实现从优秀到卓越的跨越。

S：识别现状

向上管理，我们也需要清楚地认识自己，后续才能有条不紊地推进工作，那么如何认识自己呢？我们需要从四个维度展开：工作能力、性格特质、职业态度、工作方式。

1. 工作能力

核心技能：列举你在岗位上最重要的3～5项核心技能，并对每项技能进行1～5级别自评。思考：哪些技能已达专家级水平？哪些技能尚待提升？

学习与成长：回顾过去半年内，你通过哪些途径（培训、项目实践、读书、导师辅导等）提升了自己的能力？哪些收获最显著？

成果与反馈：梳理近期的工作成果与反馈，尤其是上级和同事对你能力的评价。

2. 性格特质

沟通风格：你倾向于主动表达，还是倾听？在团队讨论中，你是推动者、协调者，还是分析者？

情绪管理：遇到工作压力或冲突时，你的情绪波动如何？你通常如何调节并保持理性？

人际关系：你与上级、同事、下属的互动模式是怎样的？在哪些场景下，关系顺畅？在哪些场景可能产生摩擦？

3. 职业态度

责任心：面对任务和挑战时，你是否能够主动承担责任并完成到底？举例说明。

敬业度：你对工作的投入度如何？是否存在拖延或应付的情况？有哪些时刻让你感到最有成就感？

价值观契合度：公司的核心价值观和目标与你个人的职业规划是否一致？在哪些方面实现了强链接，在哪些方面存在偏差？

4. 工作方式

倾向与习惯：你更偏好结构化，还是灵活应对？喜欢规划详细的行动方案，还是在实际执行中不断调整？

时间管理：你的时间分配是否合理？能否高效地兼顾多个优先级任务？有哪些现行方法让你受益？哪些需要改进？

决策节奏：你是快速取舍型，还是习惯反复打磨？在紧急情况下，你如何平衡速度与质量？

E：识别期望

识别期望有两个维度：上司对我的期望和组织对我的期望。

1. 识别上司对我的期望

（1）我是否准确理解上司对我的具体要求？

确保清楚上司的目标、优先事项及对成果的衡量标准。通过定期沟通与反馈，及时调整工作方式以符合上司的需求。

（2）上司希望我在哪些关键领域体现价值？

了解上司的核心关注点，并在这些领域展现专业能力，体现价值的最大化。例如，是否在战略制定、团队协作或项目执行中扮演关键角色？

2. 识别组织对我的期望

（1）我的岗位如何与组织的整体目标紧密关联？

识别自己的职责在组织战略中的具体定位，并确保工作的优先级与组织目标保持一致。通过跨部门协作与贡献，提升整体效率与成果。

（2）是否制定了与组织战略相匹配的个人成长计划？

探索岗位发展的长期潜力，明确职业发展的方向是否符合组织未来的需求与愿景。通过能力提升与角色扩展，增强自身与组织的双向价值。

核心价值

通过深入理解上司与组织的双重期望，不仅有助于清晰定位自身角色，更能优化资源利用，提升工作效率和战略贡献。只有在角色认知和价值创造之间找到最佳平衡，才能更高效地推动目标达成，并实现个人与组织的共同成长。

G：识别差距（详见图3-10）

识别自我

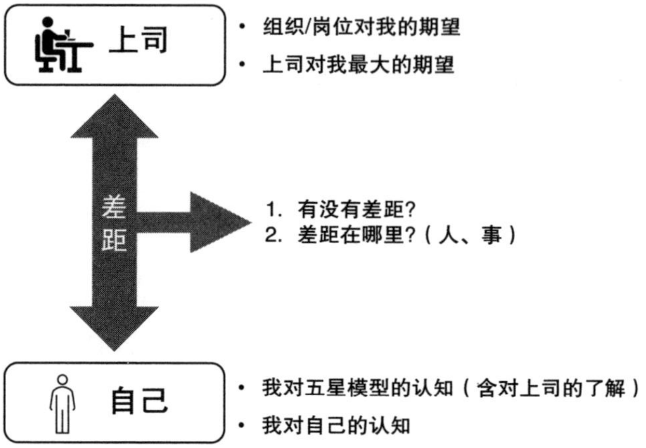

图3-10 识别差距

1. 对组织的差距（基于五星模型）

（1）个人目标与组织使命及战略的一致性

我的个人发展目标是否明确反映组织的使命和长期战略方向？

是否能够在实现个人成就的同时为组织创造价值，形成双赢局面？

（2）融入组织文化与推动团队目标的能力

是否全面理解并认同组织的核心价值观和文化规范？

在团队合作中，是否能够通过有效的沟通和协作，推动集体目标的高效实现？

2. 对个人的差距

在“SEGA 模型”中，“差距”环节聚焦于“现状”与“期望”之间的偏差。我们要分析这些差距，才能有的放矢地展开向上管理。

（1）工作能力差距

现状vs期望：核心技能掌握尚不稳定，完成复杂任务时需更多支持。

改进方向：针对2～3项薄弱技能，制定分阶段练习与项目实战计划，并定期向导师或同事寻求反馈。

（2）性格特质差距

现状vs期望：在团队讨论中发言频次和影响力不足，冲突情境下沟通方式欠灵活。

改进方向：通过角色扮演和真情境复盘，增强表达自信；参加沟通技巧培训，提升冲突和情绪管理能力。

（3）职业态度差距

现状vs期望：偶尔因工作边界不清而延迟交付，主动承担额外职责的频次低于预期。

改进方向：设立明确交付时限，启动“每日站立会议”机制，积极申请跨部门或公益项目实践。

（4）工作方式差距

现状vs期望：任务切换和决策节奏相对滞后，应对紧急需求不够迅速。

改进方向：引入目标与关键成果法（OKR）明确优先级，培养快速迭代和敏捷思维，定期检视并优化执行节奏。

自我反思：

1. 岗位要求与个人能力的匹配度

我是否清楚理解岗位的核心职责，并明确当前能力与岗位要求的差距？

是否能够通过制定明确的学习和成长计划，弥补这些不足？

2. 核心软技能的达标情况

在沟通能力上，是否能够通过清晰表达和同理心赢得团队信任？

在执行力方面，是否能够高效完成任务并为团队提供支持？

在领导力上，是否具备激励团队、解决冲突和推动变革的能力？

通过深入分析这些差距，不仅可以明确自身的改进方向，还能为职业发展制定更具针对性和实践性的提升策略。

A：改善策略

1. 调整方法以匹配上司期望

（1）控制：有效管理情绪与行为

学习掌控情绪波动，尤其在高压力情境中保持冷静，确保工作质量不受影响。

示例：在面对复杂任务或突发情况时，通过深呼吸或短暂冥想稳定情绪，从容处理问题。

建立定期反思机制，分析自身情绪触发点，培养成熟的情绪应对策略。

（2）改变：围绕具体问题优化解决方案

①明确上司期待：通过深度沟通，了解其关键目标、优先级，以及潜在关注点。

例如，在制定计划前先与上司确认目标，确保方向一致。

②优化执行路径：根据反馈迅速调整策略，构建“计划—执行—复盘”闭环，以精准应对变化需求。

2. 强化个人能力

（1）专业能力提升

制定动态学习计划，细分短期与长期目标，弥补核心知识与技能的不足。

短期：通过行业前沿培训、研讨会等快速更新专业知识。

长期：制定系统化的学习路径，如攻读相关学位或取得专业认证。

建立知识输出机制：通过分享、总结和实践，内化学习成果并提升影响力。

（2）软技能优化

时间管理：采用“优先矩阵”或“番茄工作法”等方法，提高效率并减少拖延。

跨部门协作：练习换位思考，理解不同团队需求，利用工具（如OKR或协作软件）推进无障碍沟通。

问题解决能力：掌握结构化分析方法（如5W2H、鱼骨图等），提升解决复杂问题的效率与准确性。

3. 优化职业态度与工作方式

（1）建立积极的职业心态

以挑战为契机，将反馈视为成长的动力源。积极寻求指导，勇于试错并迅速迭代。

坚持将“主动性”贯穿于工作中，通过超预期完成任务展示自身价值。

（2）优化流程与提升效率

对工作流程进行定期梳理，利用工具（如自动化表单、流程图工具）识别并优化低效环节。

学会任务优先级排序，将资源集中于高价值产出，减少低效劳动。

4. 实现个人与组织目标的融合

（1）制定清晰的阶段性目标

短期：针对具体指标设定可量化的里程碑目标，确保自身发展与团队需求一致。

长期：通过完成阶段性目标逐步提升个人价值，使之与组织发展形成良性循环。

（2）定期复盘与动态调整

定期审视自身表现，以关键绩效指标（KPI）为参考，发现不足并及时调整。

主动关注行业趋势和内部变化，灵活调整工作策略，确保个人发展方向始终与组织需求同步。

通过深度优化以上策略，不仅能高效满足上司期望，还能实现个人能力的全面提升，为职业发展创造更大的空间。

管理核心与价值跃迁

通过SEGA模型的全面评估，可以清晰地看到个人成长的路径。从识别现状到明确期望，再到找到差距并制定改善策略，这一系统化方法帮助我们更好地与组织和上司的目标对齐，从而实现个人持续成长与价值最大化。

通过实施上述改善策略，不仅能够精准对接上司期望，提升工作表现，还能在个人能力和职业素养方面实现跨越式发展。在竞争日益激烈的职场环境中，这些策略为你提供了系统化、可持续的职业成长路径，帮助你在挑战中不断前行。

1. 持续优化与调整：职业发展的核心在于持续优化自己的工作方式和思

维方式。通过定期回顾、复盘，可以精准发现自己的短板，并以此为契机实现突破。因此，保持“学习型思维”并在实际工作中灵活调整策略至关重要。

2. 个人与组织的双向赋能：一个优秀的职业发展不仅仅是个人能力的提升，也应与组织目标和文化深度契合。在快速变化的工作环境中，灵活适应、迅速调整，保证自身的目标始终与组织发展方向一致，能够确保个人职业路径的稳定性与持续性。

3. 成为战略型人才：最终，战略性思维与执行力将是助你脱颖而出的关键。通过将短期与长期目标结合、优化执行方案，并通过软硬实力的结合，你将不仅仅成为一名出色的执行者，更会逐步成为组织内的战略核心。

案例与实战：通过环境识别精准提升

案例背景

陈跃是一家快速消费品企业的市场部总监，负责领导团队进行新品推广。然而，在新一轮的品牌战略规划会上，陈跃感到自己陷入了困境。他的提案屡次被高层否决，部门内部员工也对他的决策产生了质疑。他意识到，这不仅影响了工作推进，甚至威胁到自己的职业发展。

公司的组织架构较为复杂：市场部与销售部频繁对接，但权责分工不够清晰，导致跨部门协作经常摩擦不断。陈跃的直属上司李总是一位典型的结果导向型领导，沟通风格直接且高压。同时，公司今年的经营目标更加注重短期销售增长，与往年的策略相比变化显著。

短期目标与长期目标

在一次例行周会上，陈跃再次向李总汇报新品推广策略。然而，李总当场指出，提案缺乏明确的销售转化目标，并质疑团队执行力是否能满足年度业绩指标。陈跃试图解释团队的长期品牌建设考量，但李总显得不耐烦，并要求重新调整方案，优先满足销售需求。

与此同时，销售部门公开质疑市场部的推广计划，认为策略缺乏实操性，甚至试图绕过陈跃直接向高层建议其他方案。这种行为进一步激化了两部门的矛盾。陈跃不仅需要面对上司的高压，也要在团队内部重新建立信任，并化解与销售部门的冲突。

会后，陈跃明显感到团队士气低落。部门内部小声讨论道：“为什么总监的方案总被打回？我们还能坚持品牌建设吗？”陈跃意识到，如果不尽快找到突破口，不仅会削弱团队凝聚力，也会进一步削弱自己的领导力和公司形象。

五星模型分析

1. 战略层面错误：公司今年明确以短期销售增长为核心战略，但陈跃的提案缺乏对这一战略的有效支持，过于侧重长期品牌建设，未能体现短期成果。

管理解读：

陈跃未能理解公司整体战略的变化方向，忽视了短期销售目标对当前业绩的重要性，导致提案与公司需求脱节。

正确做法：

（1）动态调整战略思路：明确短期销售与长期品牌建设的平衡点，将品牌战略目标嵌入具体的短期推广活动中。

（2）以数据驱动提案：通过销售预测模型和历史数据分析，量化新品推广的短期销售潜力，增强决策说服力。

2. 组织层面错误：市场部与销售部职责划分不清，跨部门协调问题频发，削弱了部门间的协作效率。

管理解读：陈跃未能通过明确分工和沟通机制解决组织架构上的问题，导致工作流程多次被打断和延迟。

正确做法：

（1）梳理部门权责：通过组织协同会议或制定明确的部门分工清单，明确市场部与销售部的工作边界。

（2）设立对接负责人：为跨部门项目设置专门的协调人，减少信息传递中的摩擦。

3. 流程层面错误：新品推广流程未标准化，多次调整计划，执行效率低下。

管理解读：频繁的流程变化导致团队执行成本增加，同时也削弱了高层对提案的信任。

正确做法：

（1）流程优化与标准化：利用甘特图或项目管理工具，将新品推广的关键环节明确化，减少临时调整。

（2）建立反馈机制：定期回顾推广流程中的问题，逐步优化推广模型。

4. 文化层面错误：部门内沟通不畅，员工缺乏信任感与目标感。

管理解读：陈跃未能及时传达调整决策背后的逻辑，导致团队对目标产生疑问，士气低迷。

正确做法：

（1）增强透明度：通过内部分享会，向团队解释公司战略调整的背景及意义，缓解员工的不安。

（2）激发团队积极性：通过设置短期可实现的小目标，增强团队的成就感与信心。

5. 上司层面错误：陈跃未能精准对接李总的需求，导致提案屡次被否决。

管理解读：李总重视短期成果，而陈跃的提案未能以清晰的数据和实际行动计划体现价值。

正确做法：

（1）提前对接需求：在正式汇报前，与李总通过邮件或会议讨论提案框架，确保方向一致。

（2）简化核心表达：将提案内容浓缩至一页PPT，突出关键指标和预期收益，减少上司的阅读成本。

识别差距

在解决问题的过程中，陈跃逐渐认识到自己的不足：

（1）自身对短期战略目标的敏感度不够，在高压环境下的快速决策能力有待提升。

（2）在与团队和其他部门的沟通中，他开始学习如何更有耐心地倾听不同的声音，并通过辅导或寻找导师支持，提升自己的跨部门协作能力。

实践指引

向上管理：1. 提前了解上司需求，灵活调整方案，强化沟通；

2. 主动承担跨部门协调任务，增加个人价值。

内部激励：1. 举办分享会，加强团队目标一致性。

2. 分解工作目标，提升执行力和士气。

组织优化：1. 制定跨部门协作手册，明确权责分工。

2. 利用数据工具支持战略定位，增强内部共识。

● 向上管理核心观点

在复杂的职场环境中，管理者需洞察公司战略方向，优化团队沟通与协作机制，通过平衡短期与长期目标，提升个人领导力。同时，学会在冲突中反思和成长是成为优秀领导者的必经之路。通过以上策略，陈跃不仅能解决当前困境，还能在挑战中实现自我提升，为职场的每一个人提供重要的实践参考："灵活应变，善用资源，才能在职场中稳步前行。"

本章总结

1. 全景环境扫描：构建职场导航图

通过五星模型，从战略、组织、文化、运营、团队五大维度，全面解析组织现状，为自我定位和发展奠定基础。

2. 战略对接：与组织全局同步

理解行业趋势和企业核心战略，确保个人目标与公司方向一致，实现上下协同共赢。

3. 组织架构洞察：精准识别决策链条

把握汇报关系与跨部门协作机制，帮助你迅速定位关键资源和决策者，优化沟通与执行效率。

4. 文化认知：读懂企业隐性规则

揭示价值观、行为规范与荣誉体系在日常工作中的体现，助你更快融入团队、建立信任纽带。

5. 运营效率：以数据驱动持续改进

关注关键绩效指标和流程管理，主动识别并解决运营薄弱环节，确保项目高效落地。

6. 团队协同：激发工作热情与执行力

通过理解团队文化和激励机制，调整自身沟通与协作方式，推动团队目标的高效实现。

7. 上司解码：运用MIPS模型提升沟通

从动机、兴趣、个性和技能四个维度解读上司行为，精准制定沟通策略，赢得领导信任。

8. 自我评估：借助SEGA模型精准定位差距

系统梳理期望、现状、差距和改进点，构建动态成长闭环，实现自我突破与能力提升。

9. 实战应用：理论向实践的有效转化

结合真实案例，通过系统化模型应用，指导你从整体战略到具体操作的每个环节，确保落地生效。

10. 双向赋能：实现个人与组织的战略共振

通过环境识别和向上管理方法，不仅提升个人价值，更为团队和组织创造长远竞争力，实现真正的共赢。

第四章

建立信任：激活你的“信用额度”

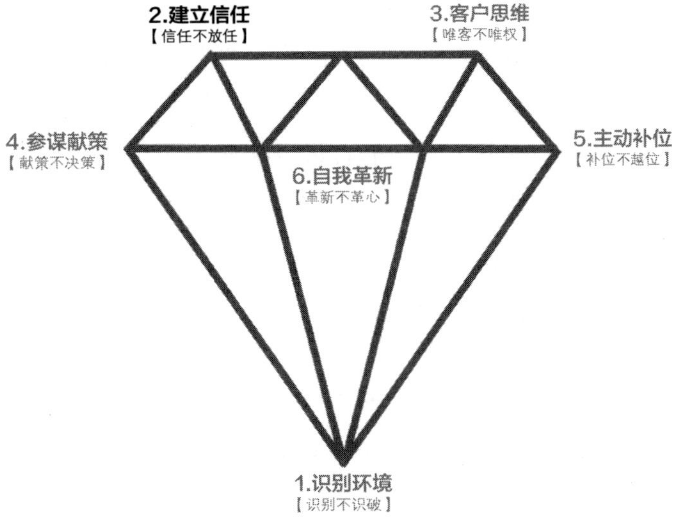

1. 信任的力量：如何成为上司的“首选队友”

学员也会提出这样的疑问：

明明尽心尽力，为什么上司总是对我的能力心存疑虑？

汇报工作后，发现领导眉头紧锁，却又不愿直接表达不满，感觉彼此间隔着一层无形的屏障？

在团队讨论时，注意到有些同事能轻松获得上级的信任和支持，而自己却总觉得提出的建议不被重视？

这些疑问可能会让学员陷入迷茫：难道我的努力不够，还是我没有找到赢得上司信任的正确方法？在现代职场中，信任是上下级高效合作的基石。没有信任，不仅沟通会变得异常艰难，决策和执行也会陷入低效，甚至内耗的境地。

本节内容，笔者将带你深入探讨如何通过建立和维护信任，成为上司的“首选队友”。让我们一同揭示那些能真正打动领导、让你在团队中脱颖而出的信任密码。

信任的重要性

1. 信任是一种无形的社会资本，它能使你在职场生态中如鱼得水。当上司对你足够信任时，你将在工作中获得更多的自主权、资源支持与发展机会。而反之，缺乏信任会让你处于信息孤岛，甚至在关键时刻被排除在核心圈层之外。

2. 从经济学的视角分析，信任能够显著降低“交易成本”。在高信任环境中，上下级之间的沟通无需反复确认，任务分配无需层层审查，工作效率自然倍增。而在低信任环境中，哪怕是简单的任务，都会因过多的干预与核查而变得繁琐不堪，导致资源的大量浪费。

3. 信任的核心意义还在于其对心理安全感的提升。哈佛大学心理学家艾米·埃德蒙森提出的“心理安全感”理论指出，信任能够让人感到被接纳与支持，从而在工作中更加主动、创新与高效。这种安全感不仅提高了个体的工作表现，也让团队更加团结、高效、有凝聚力。

信任经济学：效率与成本的平衡杠杆

信任是一种无形的“信用额度”，其效用类似经济学中的资本杠杆。（详见图4–1）

↓信任= ↓效率 ↑成本

↑信任= ↑效率 ↓成本

图4–1 信任和效率、成本的关系

高信任环境：组织内沟通顺畅，授权充分，执行链条短。上下级之间的默契合作大幅度提高了决策速度与资源配置效率。

低信任环境：彼此猜忌导致流程复杂化，资源浪费在反复确认与冗长的审批中，最终拖慢团队进展，削弱竞争力。

从管理学角度来看，信任不仅能够降低运营成本，还能有效推动创新与变革，是组织长期发展的不可或缺之要素。

信任在现代职场中是不可或缺的资产，它不仅能够提高效率和团队凝聚力，还直接影响着员工的职业发展和领导者的管理效能。以下是现代职场中信任感的经典表现及其管理学解读：

（1）大笔一挥：对专业能力的无条件认可

当上司毫不犹豫地在下属的提案上签字，这不仅仅是一种对工作的认可，更是对其专业能力和判断力的高度信任。尤其是在高风险或高价值项目中，领导者愿意迅速做出决策，是信任的一种高级体现。

向上管理核心观点：根据授权理论，这种行为属于“高权力距离中的低干预模式”，即领导者通过明确目标授权下属完成任务，而非干涉过程。这种信任能够缩短决策时间，提升组织效率。

（2）细节不过问：对执行力和责任心有充分信心

当上司在日常工作中极少干涉细节，说明他们对下属的执行能力和责任心充满信心。这种“放手式管理”不仅能够释放员工的自主性，还能创造更大的创新空间。

向上管理核心观点：在管理学中，这种信任表现属于“宽松管理”。研究表明，给予员工一定的自由度和决策权，能激发其潜能并提升整体绩效。

（3）高权重任务委托：对核心价值观的深度认同

将关键任务交由下属负责，是职场中信任的最高形式。这不仅表明上司认可你的能力，还意味着他们相信你能够站在组织的立场上做出对整体最有利的决策。

向上管理核心观点：信任与任务分配密切相关。在心理契约理论中，高权重任务的分配代表了上司对下属的心理契约，即相信其能够履行隐性承诺。成功完成任务后，这种信任关系会进一步加深。

渐进式信任：成为上司的“首选队友”

信任是一种渐进式的情感与认知过程，需要通过时间、行动和结果的多重验证逐步建立。任何长久且深厚的信任关系都是点滴积累的产物。

在职场中，成为上司的“首选队友”，需要的不仅是能力，更是能让对方放心地信任。这份信任的建立并非一朝一夕，而是通过真诚、执行力和长期的忠诚逐步积累的。唯有信任，才能成就彼此；唯有忠诚与能力兼备，才能成为不可替代的团队核心。

2. 三度：开通上下级信任关系的“三大账户”

在工作中，有没有一瞬间，你突然意识到：

表面上的努力并未让上司真正了解你的价值？

当你在会议中提出独到见解时，是否会好奇：如何才能让这些亮点照进上司的视野？

在日常沟通中，你有没有想过，如何将个人风格与团队价值更好地契合，让每一次互动都成为信任的积累？

或者在项目合作中，你是否期待着一个能量账户，让上司在关键时刻第一时间想到你？

这些问题不仅关乎个人表现，更关乎如何在职场中构建一个持续增值的信任体系。信任，从来不是单一维度的简单问题，而是建立在“能见度”“吻合度”和“忠诚度”这三大核心账户上。每一次主动亮相、每一份价值认同和每一刻坚定的投入，都在悄然为你积累那份看不见，但至关重要的信任资本。

本节内容，笔者将带你从全新的角度解读这三个信任账户，探讨如何在复杂多变的工作环境中，不仅获得上级的认可，更在潜移默化中打造出一个令人信赖的个人品牌。让我们一同走进这场信任的“增值计划”，发现如何将理论与实践完美融合，实现职场关系质的飞跃。

能见度：提高在领导视线内的存在感

在职场中，“能见度”是信任关系的起点。让上司看到你的努力和价值，是进一步合作和信任的基础。关键不在于频繁出现，而在于“高质量地”出现在合适的时机与场景中。

1. 能见度的核心原理：让你的价值"亮起来"

（1）目标物与背景的亮度差异

好酒也怕巷子深。笔者认为"能见度"就是让你的专业价值在合适的时机与场合中吸引上司的注意。就像肯德基、麦当劳不断打广告提升品牌曝光率一样，职场中的我们也必须主动承担任务、提升表达力、及时向上汇报，让自己的"好酒"不被深巷遮掩。通过在全员会议中主动归纳关键贡献、利用数据分析或视觉化展示成果，你能有效拉近与上司之间的距离，确保自己的努力和成绩被看到和认可。

（2）空气透明度

在组织中，层级和文化常使信息流通受阻。作为管理者，应定期通过邮件、例会或即时通信工具主动汇报工作进展，使自己成为组织运转的"关键节点"，确保上司和同事始终了解你的工作状态。

当绩效评估或个人展示渠道有限时，通过参与跨部门合作或组织内部分享会，积极创造机会扩大自己的影响范围。这样不仅能提升个人能见度，还能让你在多方协同中展示专业价值。

● 向上管理核心观点

"酒香也怕巷子深。"低调做事固然重要，但适度的"高调"是不可或缺的。与其等待被看见，不如主动创造让自己被看见的机会。通过日常朋友圈点赞、评论或分享工作成果，不仅可以增加曝光，还能慢慢地提升你的职场影响力。

2. 亲密有间的"刺猬效应"：让距离产生美感

（1）与领导保持"安全距离"

刺猬效应告诉我们，距离过近会让人感到压迫，而距离过远则可能导致冷漠。对于领导来说，适当的"亲密感"能让你随时进入他的"优先考量清单"。

在私下场合，避免过度热情。比如，不要频繁发送非工作相关信息，除非是对方感兴趣的内容。在正式场合，主动分享有价值的见解，同时保持谦逊，尊重上司的权威感。

（2）空间距离与心理距离并存

①常在视野，但不打扰

定期参加部门活动、总结会等场合，让领导知道你的存在，但避免频繁推销自己。比如，在团队内部汇报时，将焦点放在整体团队表现上，同时适度提及个人努力。

②拉近心理距离的技巧

通过轻松的话题建立亲和力。例如，了解领导的兴趣爱好，在适当时机进行自然的交流，而非刻意奉承。用真实的情感增进信任。例如，在领导表现出压力或困惑时，表达适当的关心和支持。

● 向上管理核心观点

每位领导的风格都不相同，对距离的偏好也不同。擅长观察领导的行为模式和沟通习惯，灵活调整互动方式，是成功构建心理距离的关键。

3. 能见度的自我营销技巧：在不经意间展示自我

（1）不经意的自我展示：优秀的职场人深谙自我展示的艺术，做到“润物细无声”。

（2）分享工作挑战与解决思路：在正式会议或与领导的一对一沟通中，主动提到你的挑战、思考和解决方案。这种分享不仅展现你的专业能力，还能让领导感受到你的诚实和可靠。

（3）突出成果的整体贡献：在团队中分享个人成果时，多以“我们”的语气出现，例如，“我们团队通过这些措施，成功提升了××指标。”这样不仅显得谦逊，也能带动团队士气。

（4）找到兴趣切入点：如果领导喜欢某种运动或文化，适时在非正式场合提及相关话题。例如，谈论他喜欢的球队最近的比赛表现，拉近彼此关系。

（5）减少互动的刻意感：自然地参与对方的兴趣范围，能有效避免让互动显得过于功利。

● 向上管理核心观点

让领导“记住你”的关键，不在于频繁的直接接触，而在于留下深刻而正面的印象。通过高效沟通、自然互动和恰到好处的展示，成为“无可替代”的存在。

通过提升能见度，你可以让自己成为团队中“被记住”的那个人，为后续的信任建立和职业发展打下扎实的基础。而能见度的管理，不是一次性的任务，而是需要在细节中长期优化和积累的过程。

吻合度：达成工作节奏上的高度契合

能见度让领导“看到你”，而吻合度决定领导“认可你”。在职场中，与上司的契合度不仅是能力的体现，更是对组织价值观和领导预期的回应。所谓“合拍”，并非单纯迎合，而是通过高效沟通和行动展现出你对工作目标和团队方向的深刻理解。这种契合感，不仅能赢得上司的信任，也能为你的职业发展打开更广阔的空间。

1. 工作态度与价值观的匹配：认同领导的逻辑与目标

在职场中，不同的领导对工作有着各自独特的偏好。有的注重细节，有的更关心全局；有的强调快速执行，有的偏爱严谨分析。要与领导保持吻合，关键在于了解并适应这些偏好。

（1）思维方式的契合：学会观察和模仿领导的思维模式。例如，喜欢“整体方向”的领导，汇报时应突出重点，避免陷入琐碎细节；而对“精确细节”有高要求的上司，则需要在汇报前确保所有数据准确无误。

（2）工作行为的契合：在工作中表现出遵章守纪、追求结果的态度。孔子曰：“事君，敬其事而后其食。”本职工作做得扎实，是赢得器重的前提。而小的业绩积累往往会带来信任的量变与质变。每一次超出预期的完成，都是对领导信任的“加码”。

● 向上管理核心观点

领导并不要求下属完全复制自己的行为，但对他的工作逻辑和价值观的尊重与理解，是获得信任的必要条件。这不仅是对职位的认同，更是对组织整体目标的负责。

2. 主动汇报的重要性：让沟通成为信任的纽带

职场上，沟通中隐藏的风险往往源于“信息断层”。主动沟通才能消除误解，减少摩擦，构建默契关系。

（1）主动汇报的本质：每位领导都希望自己的下属如精准的时钟，能够及时、清晰、准确地传递信息。这不仅是一种工作责任，更是一种职业素养。

（2）汇报的五种情境解析：

①我不问 + 你不说 = 距离：心理上有了距离，疏远感。

②我问了 + 你不说 = 隔阂：不配合加剧关系紧张。

③我问了 + 你说了 = 尊重：回应预期传递价值。

④我不问 + 你说了 = 信任：建立深层次依赖。

⑤你想说 + 我想问 = 默契：达成思维同步。

● 向上管理核心观点

主动汇报并不意味着简单的“事无巨细”，而是根据领导需求，精准筛选核心内容。例如，项目进展中的关键节点、解决问题的思路与方法，都是值得重点提及的内容。

3. 工作结果的“底线思维”与“外包思维”：用结果说话

如图4–2所示，笔者以行政后勤的司机工作为例，探讨如何用好“底线思维”和“外包思维”，在向上管理中赢得领导的信任。

工作结果：外包思维

工作态度 → 工作过程 → 工作结果

工作底线

我的部门	我的工作	我消耗的费用	工作底线一	工作底线二	工作底线三	其他结果一	其他结果二
行政后勤	司机	每月2000元					

我没做到足够好，结果是什么？——唠叨两句，一笑而去！　假如我的工作被外包，我将面对什么？

⇩

外包对比

汽车租赁公司	司机	最苛刻的预算	外包底线—	外包底线—	外包底线—	外包条件—	外包条件—	外包条件—
		1次180元	接人迟到不付钱	客户投诉则不给钱还要赔款	不违法违规则，保证交通安全	着装职业 语言职业 态度职业 服务职业	汽车卫生 驾驶专业 路线熟悉 沟通方便	随时汇报 提前出发 线路专注 礼貌待人

如果他们做得不够好，结果是什么？——没钱、扣钱、投诉、下岗、砸牌子、关门倒闭……

图4–2　底线思维和外包思维

（1）底线思维：守住领导对你的基本信任

①场景示例：内部司机的底线要求

固定成本：每月2000元的工资。

关键任务：准时接送客人、保持车辆整洁、态度良好等。

当你是内部员工时，往往容易产生“容错空间大”的错觉。比如，偶尔迟到、车内卫生不到位，领导可能只是批评几句便不了了之。时间一长，就会出现侥幸心理，甚至忽视了一些本该严格遵守的工作标准。

②底线思维的核心

不可妥协的最低标准：无论条件多么紧张，都必须守住核心任务的执行质量。例如，准时接送是“底线中的底线”，不能因为任何客观理由就轻易放松。

维护领导的信任：领导最担心的是突发情况没人负责、或关键任务掉链子。底线思维就是要让领导清楚：只要交给你，你就能“保底”完成。

③为什么底线思维对向上管理很重要？

体现可靠性：领导愿意把更多的重要任务交给一个能够守住关键底线的人。

赢得长期信任：在职场中，信任往往来自一贯稳定的表现，而非偶尔的高光时刻。

（2）外包思维：以更高标准要求自己和他人

①场景示例：将司机工作外包后的管理要求

成本变化：例如，原来内部成本200元/次，外包后可谈到180元/次。

严格考核：迟到扣费、车辆不洁扣费、服务态度不好扣费、导航错误扣费……一旦出现问题，都会有相应处罚。

当我们把同样的工作交给外包公司时，会设置更详细的考核指标和严格的奖惩机制，目的就是确保外包方在每一次服务中都能做到高标准。

②外包思维的核心

对外的严苛要求，内化为自我提升：如果我们自己就是提供服务的一方，就要像外包商一样把每一项工作量化、标准化，并严格执行。

用更高标准评估自己的工作：当你在做司机的工作时，也可以给自己设置“迟到就要追责”的机制，把领导当成“客户”，把自己当成“外包商”，倒逼自己提升服务质量。

③为什么外包思维对向上管理很重要？

展现更强的责任心：领导看到你对自己提出更高要求，会认为你有主人翁意识，值得信赖。

凸显创新性与执行力：外包思维并不仅仅是寻找外部优质的合作供应商，而是在将业务外包之后，主动提出更高的要求，从而促使对方提供更优、更符合业务需求的解决方案。这种思维方式要求我们以结果为导向，持续优化流程、整合资源，最终体现出“成事”的执行力和创新能力。

● 向上管理核心观点

无论是作为行政后勤司机，还是管理者，都可以将“底线思维”与“外包思维”相结合。

底线思维：确保你在领导心中是一个“可靠的人”；

外包思维：当你不断用对待外包商严格的要求规范自己时，外包思维让你在职场上成为一个持续可靠的人。

在向上管理中，当领导发现你既能稳住基本盘，又能主动提出要求、优化流程时，自然会对你更加信任。这不仅能为你在职场中赢得更高的认可，也会为你的职业发展打开更广阔的空间。

忠诚度：赢得长期信任的基石

在职场中，忠诚不仅是一种美德，更是上下级关系中不可或缺的基石。真正的忠诚，不止于表面的“服从”，更在于通过实际行动让领导感受到你的可靠性和支持。忠诚是一种内化于心、外化于行的职业态度，也是赢得领导长期信任的关键。

忠诚不仅仅是忠于一时的利益或领导，而是要用行动证明你对团队和组织的长期承诺。耍小聪明可能带来短期收益，但只有以忠诚为基础的可靠性，才能获得持久的信任与支持。

1. 忠诚的三个核心要点：做领导放心的支持者

（1）以领导为“终极请示对象”

在职场中，无论职位高低，始终要把领导视为你决策和重要汇报的第一责任人。这不仅是对上司权威的尊重，更是信任沟通的关键纽带。通过及时汇报和请示，展现出你对组织目标和团队利益的关注。

（2）不在部门内制造“纷争”

职场是一个协作环境，内部纷争不仅损害团队士气，更会让领导对你的职业品格产生怀疑。忠诚的表现之一，就是以团队利益为先，主动维护和谐局面，并协助解决内部矛盾。

（3）敢于适时提醒领导

真正的忠诚，并非一味迎合，而是懂得在领导可能面临失误时，以适当的方式提出建设性建议。这种态度体现了你对领导的尊重和对其长远利益的关注。例如，当领导在关键决策上忽略了重要细节，你可以通过私下沟通、提供备选方案等方式，既避免让对方难堪，又能展现你的职业担当。

● 向上管理核心观点

忠诚不是盲从，而是有智慧地支持。学会平衡支持与建议的关系，让领导既感受到你的配合，又能认可你的洞察力。

2. 忠诚的本质：让领导“感受到”你的支持与可靠

在职场中，“忠于领导”和“让领导觉得你忠于他”是两件完全不同的事情。前者更多停留在形式上，后者则真正能够为信任加分。如何让领导感受到你的忠诚？关键在于以下几点：

（1）始终兑现承诺：一旦答应领导某项任务，无论难度大小，都要不折不扣地完成。这种可靠性将成为你职场中的核心竞争力；

（2）尊重对方权威：在决策和执行中，保持对领导角色的尊重，避免逾越权限或喧宾夺主的行为；

（3）支持团队目标：将个人利益融入团队目标中，展现出协作精神和大局观。这不仅让领导放心，也能为你赢得更多支持。

● 向上管理核心观点

忠诚的本质，是让领导在需要时第一时间想到你、依赖你。这种“无形的信任”一旦建立，将为你带来超越岗位职责的机会与价值。

三度协同，构建职场信任体系

“能见度”是基础，“吻合度”是桥梁，而“忠诚度”则是核心支柱。这三个维度共同构成了职场信任体系的关键要素。

在能见度上，通过适度的自我展示提升曝光率，让领导“看见你”。

在吻合度上，通过与上司步调一致增强认同感，让领导“认可你”。

在忠诚度上，以实际行动和长期支持赢得持久信任，让领导“信赖你”。

● 向上管理核心观点

信任的积累是需要你在日常工作中不断投入和调整的。当这“三大账户”持续增值时，你的职场之路将更加顺畅，为个人与团队的成功奠定坚实的基础。

3. 三忌：透支上下级信任关系的“三大行为”

本节内容开始之前，先思考一下你的职场中有没有出现过以下场景：

会议间隙的小动作：你是否注意到，在部门例会上，总有人无意中“泄露”私下的抱怨或对同事的不满，从而让上司感到不安？

邮件中的隐晦信号：有没有那么一瞬间，你发现自己在邮件中隐晦表达对决策的不满，结果却让上级认为你缺乏合作精神？

承诺与兑现的断层：在项目推进时，你是否遇到过这样的情况：一位同事不断许诺，结果却无法兑现，让团队信任瞬间崩塌？

这些场景不仅是表象，它们往往在你不经意间悄悄侵蚀着你与上司、下属之间那本已珍贵的信任关系。信任，是职场关系的无形资产，但其脆弱性也意味着，一次失误可能让多年努力化为乌有。

本节笔者将与你一起探讨那些极易被忽视的“三大行为”——那些在日常职场中看似微不足道，却可能透支你与上下级信任的禁区。通过揭示这些隐形“地雷”，你可以学会如何用更高的情商和敏锐的判断力，在关键时刻避免踩雷，确保团队关系的健康发展。

接下来，让我们深入了解这“三大忌”，找到职场中平衡信任与表达的最佳路径。

忌漠视基本礼仪

职场礼仪不仅是一种形式，更是一种权力与尊重之间的微妙平衡，它体现了关系中的位置感和专业性。

礼仪是一种无声的管理工具，是上下级信任关系的隐性指标。礼仪不到位，不仅会造成误解和情绪摩擦，更可能损害信任的根基。

很多职场人之所以在信任关系中受挫，不是因为工作能力，而是因为触碰了礼仪这条红线。这些行为可能不被察觉，却在潜意识里传递了错误的信号——比如对上司是“敷衍”，对下属是“高高在上”。因此，真正懂得向上管理的人，必定深谙职场礼仪的“潜规则”，他们通过细节和态度，既维护权威，又赢得尊重。

作为下属：礼仪不仅是“尊敬”，更是能力的外在表达！

从管理的角度来看，下属的礼仪往往代表了自身的职业素养。用礼仪传递尊重和效率，是向上管理的核心技巧之一。相反，那些忽视礼仪的行为，则常常导致信任危机，甚至使得上司对下属的能力产生怀疑。

（1）随意沟通，缺乏正式感：例如，在接到上司的任务后，仅简单回复“好的”，没有进一步确认完成时间和内容细节。结果上司需要反复跟进，工作节奏被打乱。

（2）不注意语言的分寸：例如，在日常汇报中，频繁使用“我觉得”“这事和我没关系”“你可以这样做”这样的表述，语气显得随意且缺乏职业感，让上司产生反感。

（3）规范沟通，提升效率：例如，在接到任务后会主动确认：“经理，您提到的任务，我计划今天下午三点前完成，完成后会发邮件附上相关数据，方便您随时查看。”这样明确、专业的沟通，既让上司省心，也赢得了信任。

（4）语言得体，传递专业：例如，习惯在汇报中使用尊重且具体的表达，比如“经理，您的建议我已经记录下来了，会结合方案进一步完善，预计两天后交给您审核。”通过这样的语言细节，体现了主动性和职业感，让上司更加放心。

案例：下属对待上司的不同礼仪对比

错误做法：在周一例会上，部门负责人张经理正在汇报项目进度，却显得心不在焉，总经理说什么，张经理也只是摆弄着手中的钢笔，显得心不在焉，左耳进右耳出，随意应付了一句“好的。”总经理脸上浮现一丝怒气，散会后对张经理整个部门的认可度大打折扣。

正确做法：周一例会上，部门负责人张经理端正姿势，认真听取总经理的建议，张经理在汇报结束后补充一句：“接下来我们将会重点推进方案B，我会随时推进，随时汇报给总经理。”总经理非常认可，把更多的公司资源投入到张经理的B方案项目中。

● 向上管理核心观点

礼仪是一门不用发声的沟通艺术，它不仅关乎表面形式，更关乎信任关系的深层逻辑。作为上司，用礼仪传递关怀和权威；作为下属，用礼仪体现专业与尊重。真正懂得职场礼仪的人，会在无形中积累信任，赢得更多发展的机会。

忌损害上司信誉

在职场中，**上司的权威不仅关乎个人形象，更影响团队的稳定和信任关系**。损害上司信誉的行为，常常源于对职场规则的误解、情绪化表达，或是对短期利益的盲目追求。很多职场人错误地认为，指出上司的缺点或公开挑战其决策，是展示自己能力的方式，甚至认为传播上司的不足能获得团队的认同。然而，在真实的职场环境中，这种行为不仅不会提升个人影响力，反而会削弱自身的信任度，甚至影响职业发展。

学会向上管理的核心，在于理解“职场信任的运作逻辑”——职场是一个复杂的利益共同体，维护上司的权威，是保护整个团队信任链条的必要举措。以下，笔者将逐步拆解三种典型的“损害上司信誉”的行为，并从专业角度分析如何妥善处理，以兼顾职业形象与团队和谐。

1. 避免公开场合挑战上司，维护团队权威

上司的权威感，往往决定了团队执行力的高低。在公开场合挑战上司，哪怕是出于“修正错误”的目的，也容易让上司处于被动地位，影响团队对其领导能力的信任。**职场不是“真理至上”，而是“关系至上”**，一个优秀的职场人，懂得在什么时间、什么场合表达自己的观点，避免不必要的冲突。

很多职场新人容易犯的错误，就是忽视场合，急于表现自己。例如，在会议中当众反驳上司的判断，或在汇报时强调上司的决策错误。这样的行为会造成两个不良后果：

（1）破坏上司的权威感：让上司在管理层或团队面前“丢面子”，从而对下属产生负面情绪。

（2）降低团队对管理层的信任：如果上司的决策权威被质疑，团队可能会陷入混乱，甚至导致管理层的指令难以执行。

正确做法：

如果确实发现上司的判断存在问题，最好的方式是：

（1）私下沟通，而非公开拆台：在会议结束后，以补充建议的方式，和上司单独交流。

（2）用“支持式表达”代替“对立式表达”：例如，在正式场合，可以用补充信息的方式委婉表达：“这个数据的确有不同的解读角度，或许可以再结合其他因素进行优化。” 这样既能维护上司的权威，又能在上司心中建立专业且值得信赖的职业形象。

2. 避免背后议论上司，保持职业操守

很多职场人并未意识到，职场是一个高度信息化、相互关联的生态环境。负面消息的传播速度，远超预期，而最终的受害者往往不是上司，而是散播消息的人本身。

议论上司的行为，通常出现在两种场景中：

（1）抱怨式发泄：例如，在茶水间或微信群中，随意评论上司的决策失误，试图获得同事的认同。

（2）消息放大效应：例如，在没有确切信息的情况下，传播关于上司的负面消息，使其在公司内部迅速扩散。

这些行为的风险在于：

（1）损害自身的职业信誉：职场是一个马拉松赛道，一个经常议论上司的人，往往会被认为“不值得信任”，这不仅影响在上司眼中的形象，也影响同事对其职业道德的判断。

（2）被视为“不可靠的团队成员”：团队协作的核心是信任，而传播负面信息的人，往往会在关键任务分配时被排除在外，因为上司和同事都不愿与“不稳定因素”共事。

正确做法：

（1）避免议论，专注事实：如果确实需要讨论某项管理决策，可以**以专业的角度，而非情绪化的方式**表达，例如：“上司的这个决定有其考量，我们可以看看执行中的实际效果。”

（2）在团队中传递正向信息：主动发现并认可上司的优点，例如，“经理在关键问题上的判断力确实值得学习。”这不仅能提升团队凝聚力，也能帮助自己在职场中建立良好的口碑。

3. 避免绕过上司直接越级沟通，尊重管理层级

在很多企业中，管理层级是公司正常运作的重要机制。很多职场人，尤其是有一定经验的中层干部，容易犯的错误是：当上司的决策与自己想法不符时，直接越级沟通，绕过上司向更高层反馈。

这种行为可能带来的后果包括：

（1）被视为“不尊重管理体系”：即使上司领导认可你的观点，但绕过直属上司的做法，会让上司对你失去信任。

（2）破坏团队的协同关系：当上司发现自己在管理链条中被削弱，他不仅不会接受你的建议，反而可能会对你产生防备心理，限制你的发展机会。

正确做法：

（1）先与上司充分沟通：在表达不同意见时，采用建议式沟通，例如，“经理，我整理了一些数据，发现可以优化的地方，我们可以一起探讨下吗？”

（2）创造合作机会，而非制造对立：如果上司仍然坚持原方案，可以提

议内部讨论会，将不同观点透明化，而不是单方面否定上司的决策。

● 向上管理核心观点

损害上司信誉的行为，往往是职场人的“无心之过”，但其后果可能影响个人的长期发展。学会向上管理，关键在于理解职场信任的运作方式，并在表达意见、维护上司权威、沟通方式上，采取更成熟、策略化的方式。

1. 在公开场合，避免直接挑战上司，维护团队权威；

2. 在私下交流中，谨慎对待负面消息，保护个人职业口碑；

3. 在管理层级上，尊重沟通规则，确保信息的合理传递。

真正成熟的职场人，不是靠贬低上司来证明自己，而是通过智慧的沟通方式，建立自己的影响力和信任度，最终获得更好的发展机会。

忌与上司争功劳

在职场中，功劳的归属不仅关乎个人成就，更影响团队信任、组织氛围和职业发展。很多职场人错误地认为，让自己的贡献最大化展示，才能获得认可，但实际上，**功劳不是“独占资源”，而是“共享价值”**。聪明的职场人懂得在分享功劳的过程中，让上司成为自己的助力，而非竞争对手。

功劳分配的核心逻辑在于：

（1）功劳的分配并非“谁做得多，谁就该拿走所有认同”，而是如何在组织架构下，形成一个健康的“认可链”；

（2）上司的认可，往往决定了你在职场的上升通道，如果和上司争夺功劳，不仅无法真正获得认可，甚至会被边缘化；

（3）职场高手会让上司和团队“认可”，最终让自己“成长”。

下面，笔者将从向上管理的角度拆解**功劳分配的五个核心认知**，帮助你更清晰地理解如何在职场中赢得更多机会，而非陷入“争功劳”的泥潭。

1. 你的功劳就是上司的功劳

很多职场人认为，自己的成果应该直接被高层认可，但现实是：你的价值必须先被直属上司认可，才有机会被更高层看到。

如果上司对你心生不满，他就不会主动推荐你、帮你争取机会，甚至可能会打压你。

错误做法：

任总监带领团队完成了一个高难度项目，在公司大会上，他直接对高层领导说："这个项目从方案到落地，都是我一手推动的。"这番话虽然突出了他的贡献，但忽略了上司在资源协调和高层支持中的作用。会后，他的上司虽未当场表态，但在日后的晋升讨论中，任总监的名字被悄然移除。

正确做法：

真正高明的总监会在汇报时说："这个项目能够顺利推进，得益于领导的战略指引和资源协调，我的工作主要是在具体执行层面进行落地。"这不仅让上司感到被尊重，还能凸显自己的成熟稳重。

2. 上司的功劳永远是上司的功劳

即使你是主要执行者，最终的认可仍然要归属于上司，接受这个现实，才能更好地成长。

（1）上司的作用不仅是"管理"，更是"赋权"，即使他并没有亲自执行任务，但他提供了资源、方向、决策支持，这些都是管理层的核心价值；

（2）如果下属试图在功劳归属上和上司争抢，最终可能会被边缘化，甚至丧失未来晋升的可能。

错误做法：

李经理的团队负责某项新产品的研发，最终项目获得了集团内部的高度认可。但在媒体采访时，他公开表示："其实这个产品的核心技术方案是我策划和推动的，领导做了最终决策。"这让他的上司感到不满，尽管短期内并无明显影响，但在后续资源分配和晋升考量中，他逐渐被边缘化。

正确做法：

其实，李经理可以换成更成熟的表达方式，比如："能够取得这样的成绩，是我们团队和公司战略方向高度匹配的结果，领导的决策让我们有了清晰的目标。"这样不仅让上司感到安心，也避免了自己被视为功劳心太重的人。

3. 得到上司的肯定就是自己的功劳

职场中，真正决定你能否晋升的，并不是你的独立贡献，而是你在上司心中的“信任值”。

你是否能升职、加薪，往往取决于你的上司如何向高层推荐你。如果上司认可你，他才会愿意把资源和机会让给你。

而如果上司认为你是个“不好管理、不懂规则”的人，即使你能力出色，也可能被忽视。

错误做法：

周总监在推进拓展新市场时，带领团队超额完成了目标。但在公司会议上，他因上司未在汇报中单独提及自己，而感到不满，甚至在私下场合流露出“都是我在做，领导却拿走了荣誉”的抱怨。这种负面情绪很快被上司察觉，导致他后续的发展机会受到限制。

正确做法：

一个更聪明的做法是，在上司的总结发言后，主动附和并补充：“非常感谢领导在整个过程中给予的支持，我和团队在执行中学到了很多。”这样既确保了自己在团队中的影响力，又不会影响上司对自己的信任。

4. 能得到组织的肯定，是上司的功劳

公司是一个系统，组织对个人的认可，往往是基于团队和管理层的信任背书。高层认可的，是一整套稳定的管理体系，而不是个别英雄式人物。如果你单独要求组织认可你，而不提团队和上司的贡献，高层可能会觉得你是个不懂规则、不利于稳定的人。

错误做法：

在一家知名跨国IT企业，技术研发部门成功推出了一款具备颠覆性功能的新软件。在企业年度技术大会上，团队的表现备受关注，高层正准备讨论下一步战略部署。现任研发负责人刘工程师获得了所有人关注，但他在会上对自己的表达方式将直接影响到未来的资源倾斜。

刘工程师在大会上发言时说："这款新软件的成功，很大程度上是因为我在核心算法上的突破，没有我的独创思维，就不会有今天的成果。"

正确做法：

在同样的场合下，刘工程师发表讲话时说："非常感谢公司的信任和技术总监在关键时刻提供的指导。其实这次新软件的突破是团队集体智慧的结晶，大家相互补位、协同攻关，才让我们的研发工作有了如此亮眼的结果。"

5. 有功劳的时候，你很快会成为别人的上司

真正优秀的职场人，懂得让功劳"流动"起来，最终才会推动自己的晋升。职场不是短跑，而是马拉松。能持续获得信任和认可，才能真正走向管理层。你只有懂得谦逊和礼让，上司才会愿意提拔你，让你在未来成为管理者。

公司最近参与了一个跨国技术合作项目，中方团队需在一周内完成一份极具挑战性的技术整合方案。由于任务紧急，内部没有层层通报流程，由魏主管临时受命牵头一个技术小组独立完成。

项目成功交付后，合作方总部发来表扬信，点名夸奖了这份方案的专业度和前瞻性。在公司内部，很多人都知道这是魏主管熬了五个通宵带队完成的，但高层并不清楚是谁在背后推动。

错误做法：

魏主管在得知公司要就此召开表彰会议后，决定"主动汇报成果"。在会议上，他说："其实这次项目从方案构思、团队统筹到最终提交，基本都是我在亲自推动。现在得到海外方的认可，我想这也是公司应该看到的。"

这番话让他的直属副总裁略显不悦——毕竟副总并不知情魏主管有多辛苦，如今突然"跨级露脸"，不仅让他在高层面前被架空，也让高层感到：这个人虽然能力不错，但行事不够合规、团队意识不强。

结果，原本计划设立的专项小组负责人，最终另有人选，而魏主管被调回原岗。

正确做法：

魏主管选择在表彰会议上这样表达："非常感谢公司对我们团队的肯定，其实我只是执行者，真正让我能快速整合资源、带队突围，是因为在关键时刻，我的上级果断拍板，让我们敢于放开手脚。没有副总的信任，这个项目根本做不成。"

这番话让副总既有面子也有台阶，在高层心中自然也有了"这人懂规矩、肯传功"的正面印象。会后，副总专门请他吃饭，说："你做得不错。下个月那个新项目，我打算让你来主带，资源你尽管提。"

● 向上管理核心观点

功劳的分配不仅仅是一个简单的"谁做了什么"问题，而是一个关乎信任、组织规则和个人成长的深层议题。真正成熟的中层管理者，懂得如何在分享功劳的过程中，赢得上司、团队和组织的认可。

信任的核心逻辑：三度三忌与麦肯锡信任公式

在职场中，无论是上下级关系还是团队协作，信任都是无可替代的基石。然而，信任并非单凭感觉，而是可以被结构化分析的管理逻辑。在管理咨询领域，麦肯锡信任公式提供了科学框架，将信任的构成分解为可操作的要素（详见图4–3）。

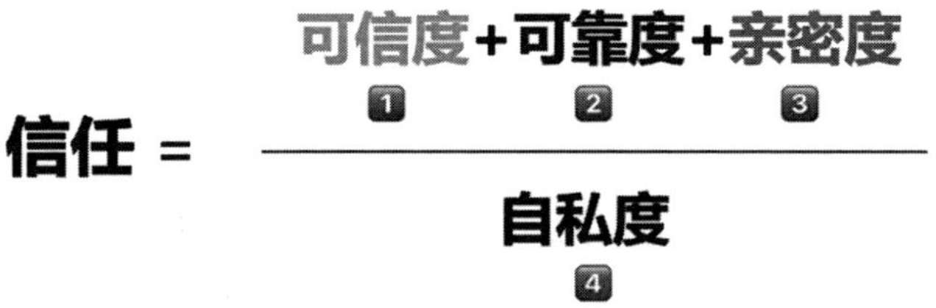

图4–3　麦肯锡信任公式

这一公式揭示了信任的四个关键维度：

1. 可信度：你的专业能力和言行是否值得信赖；

2. 可靠度：你是否始终如一地兑现承诺；

3. 亲密度：你与他人互动时是否让人感到真诚和舒适；

4. 自私度：你的行为是以团队利益为优先，还是更偏向于个人利益。

公式中的分子构成了“正向信任资产”，而分母“自私”是削弱信任的核心因素。三度三忌正是从降低自我关注、强化正向信任资产的角度出发，为职场人士提供了具体的行为准则。

如何运用麦肯锡信任公式？

1. 强化分子：积累信任资产

（1）提升可信度：在专业领域不断深耕，并通过精准的表达赢得他人的认可。比如，在团队中以数据和事实支持你的建议，而非单凭主观判断；

（2）提高可靠度：言出必行，凡事提前做好沟通，确保承诺能够按时兑现；

（3）增强亲密度：主动建立与上司或同事间的情感链接，比如，关注他们的反馈，用尊重和理解化解冲突。

2. 控制分母：降低自私度

（1）放下个人利益的执念，多从团队视角考虑问题；

（2）在功劳归属上主动让渡，提升他人对你的合作意愿；

（3）保持谦逊，学会倾听，避免过度展现个人成就。

三度三忌与信任公式的“殊途同归”

无论是职场“三度三忌”，还是麦肯锡信任公式，其核心逻辑都在于：信任是动态的，建立信任需要强化正向行为，削弱负面影响。在职场中，过度关注自我只会稀释他人对你的认可，学会“减法管理”，从礼仪、尊重、合作中构建可信度、可靠度与亲密度，才是真正的职场智慧。

4. 信任危机修复：挽回上司信任的五大步骤

想象一下，你刚完成一个重要项目，结果却因一个小失误让上司失去了对你的信心。那一刻，你是否曾心中慌乱：这次失误是否会成为信任崩塌的导火索？你是否担心，以前辛苦积累的信任会在一瞬间荡然无存？当你发现上司开始用怀疑的目光审视你的每一个决策时，你会怎样做？

在职场上，信任就像是一条细腻的情感纽带，需要日积月累地维护。而一旦遭遇危机，挽回信任就成了迫在眉睫的任务。

职场信任为何如此脆弱？

1. 高度依赖合作

职场中的合作是高频且密切的。上司对下属的信任，往往基于他们的执行力、可靠性和沟通透明度。一旦某个环节失灵，整个合作链条都会受到冲击，信任自然动摇。

2. 竞争与权责冲突

职场并非单纯的协作场域，也是竞争和权责划分的场所。当利益或职责模糊时，信任很容易被怀疑和不安全感取代。

3. 心理投射作用

在心理学中，有一种“投射效应”，即人们往往会将自己的想法投射到他人身上。在职场中，上司可能因为下属一次失误就放大对其能力或态度的质疑，这让信任的重建难上加难。

信任修复为何难以实现？

修复信任并不是一个简单的过程，这与其涉及的心理和行为层面复杂性密不可分：

1. 期望落差

当信任被破坏时，上司对下属的期望会骤然降低，甚至怀疑是否值得再给予机会。

2. “情感记忆”效应

研究表明，人们更容易记住负面经历，而忘记正面事件。这意味着，即使你过去取得了无数成就，但一次错误可能在上司心中“盖过”所有。

3. 行动与时间滞后

即使采取了补救行动，信任的修复仍然需要时间。而在这段修复期中，可能会有更多的压力与考验。

职场信任：如同沙滩上的建筑

职场信任的修复，不妨将其比作婚姻中的信任维系。婚姻专家常说：“夫妻之间的信任就像一个玻璃杯，打碎了可以修补，但裂痕会永远存在。”在职场中，这种裂痕同样存在，但如果你能持续努力维护，并通过行动逐步恢复，对方会慢慢关注你新的表现，而非过去的失误。

换个角度，职场信任更像是在沙滩上建造大楼，基础不稳，任何风吹草动都可能让大厦倾覆。要让这座大楼屹立不倒，你需要一砖一瓦地加固根基，而非寄希望于一次性的“奇迹修复”。

信任修复五大步骤

面对信任危机，管理者需要采取系统性的策略，而非单靠道歉或单次补救行动。以下五个步骤将帮助你从危机中恢复，并最终重塑信任。

1. 不是急于行动，而是先暂停下来思考

信任的“裂痕”到底在哪里？这种冷静的自我反思，是修复过程中最重要的起点。

任总是某公司的市场总监，在一场重要的战略会议上，他提交的市场数据出现偏差，导致公司高层对市场策略做出了错误判断。会议结束后，CEO明显对任总的专业度产生了质疑。

错误做法：

①归咎于数据团队："数据是他们提供的，我只是汇总。"

②只关注自己受挫的情绪，而非思考上司的真正诉求。

正确做法：

①反思自己的数据审核流程是否存在漏洞；

②站在CEO的角度思考，他可能更关注决策依据的可靠性，而非单次失误；

③记录问题的关键点，为下一步沟通做准备。

2. 主动沟通，坦诚面对问题

信任修复需要真诚的对话，而非回避问题。主动沟通的目的是让上司感受到你的担当，而不是听到"下次会注意"的空话。

项目失败后，项目经理约上司面谈，坦诚道："这次的延误确实是我的责任。我在最初评估时间时过于乐观，没有及时发现风险点。我意识到这不仅让您在客户面前难堪，也对团队造成了不良影响，我非常抱歉。"

错误做法：

①拿"情绪"开刀，过于自责："对不起，我真的太差劲了……"这让上司更担心你是否能继续承担责任；

②试图推卸责任或不愿直面问题，比如用"但"句式反驳："我确实有错，但客户的需求变动太多了。"

正确做法：

①态度真诚：承认错误时不要回避细节，让上司看到你对问题的全面理解；

②传递信心：在沟通中表明你已经在思考如何解决问题，并表达对未来改进的决心。

3. 弥补行动，尽力挽回损失

单独靠言语无法修复信任，行动才是最好的证明。无论问题多严重，关键在于你是否展现出改变现状的能力和主动性。

在承认错误后，张总主动制定了一份弥补计划，包括如何补救客户的损失、重新安排任务进度，以及未来如何优化沟通流程。他在上司的同意下立即展开行动，甚至加班完成了修复方案。

错误做法：

①仅仅承诺“以后不会再犯”，却没有具体的补救计划；

②被动等待上司安排，而不是主动提出解决办法。

正确做法：

①短期措施：找到能够迅速恢复局面的行动，比如，重新设计方案、安抚客户等；

②长期优化：比如，建议建立新的风险预警机制，让上司看到你在提升能力和责任感上的努力。

4. 累积小胜利，重建可信度

信任的重建不是短期就能实现的，而是一个长期积累的过程。通过连续的小胜利，让上司逐步重新信任你的能力和可靠性。

在经历一次失败后，设计总监李总开始主动提高工作标准。在之后的几次项目中，他不仅提前完成任务，还主动总结经验，在会议上清晰汇报自己的进展。每一次小的成功，都是在为信任的恢复加分。

错误做法：

①试图用一次“高调表现”来弥补失误，却忽略了日常表现的重要性；

②一旦得到上司的宽容，就迅速松懈，未能持续改进。

正确做法：

①从小事开始：在每一次任务中交付超出预期的成果，比如提前完成报告、主动承担其他任务；

②稳定表现：保持一贯的工作态度和行动力，展现出稳定的成长曲线。

5. 优化机制，防止问题重演

信任修复的最终目标是通过优化机制减少问题发生的概率，让上司看到你不仅在解决问题，更在创造价值。

任总建议成立“市场数据质量控制小组”，定期审核数据源，确保未来的策略制定更加精准。通过这样的机制优化，不仅让上司安心，也让团队整体效率提高。

错误做法：

①忽视对事件的总结和反思，让问题反复发生；

②忽略与上司的日常沟通，只在需要时才联系。

正确做法：

①优化流程：通过工具、机制或流程调整，解决信任危机的根本问题；

②定期反馈：与上司保持定期沟通，让对方随时掌握你的进步与计划。

信任的修复，是挑战也是机会

职场信任，脆弱又重要。每一次信任危机，都是对管理者智慧与韧性的考验。

信任的维护如同婚姻关系，需要随时留意细节，用实际行动守护每一分信任资产。通过系统性的修复策略，管理者不仅能赢回信任，还能借此机会提升自己的专业能力和职场影响力。

案例与实战：信任建立与失去的真实场景

案例背景

李经理是某知名科技公司产品部的中层管理者，以卓越的业务能力和出色的项目战绩广受认可。然而，随着公司规模的扩大和内部结构的复杂化，他与上司任总的信任关系逐步恶化。

一次高层会议上，任总公开质疑：“李经理的团队是不是脱节了？我都不知道他们在做什么。”

这番话不仅让李经理倍感尴尬，也严重打击了团队士气。在职场管理中，这种信任危机并非个例，而是企业内部沟通与管理中的常见现象。通过深入分析李经理的案例，我们可以探讨管理中信任的建立、破裂与修复路径，帮助管理者规避类似误区。

错误场景回放：

李经理坚信“用结果说话”是高效管理的标杆，因此仅在季度总结会上向上司任总汇报项目进展。即便团队取得了重大突破，他也没有主动分享。

然而，一次突如其来的董事会汇报任务让任总措手不及。由于缺乏及时的研发数据，他无法交代新产品的具体进展，导致高层不满。回到办公室后，任总愤怒地质问李经理：“你们到底做到哪一步了？为什么我全然不知？”

分析一：管理中的“信息盲区”

上司的焦虑往往源于“信息真空”，特别是在需要应对外部压力时。如果下属的工作进展变得不可见或难以掌控，上司会产生“失控感”和“不被信任”的错觉。这种情绪不仅损害上下级关系，还会让上司对团队的稳定性产生怀疑。

信息盲区如何影响管理决策？

在组织管理中，信息的不对称会导致上司在决策时缺乏信心，甚至采取过度干预或微观管理的方式，以试图重新掌控局势。这不仅影响团队的自主性，还可能降低整体工作效率。因此，建立透明、高效的信息共享机制是缓解上司焦虑、增强团队信任的重要手段。

优化策略：建立高效的信息共享机制

1. 制定“可预见性”汇报机制

上司最需要的不是细枝末节，而是前瞻性信息。

李经理后来每周安排15分钟与任总沟通项目进展，报告内容聚焦三大要点：

（1）本周进展：完成的关键里程碑及研发成果；

（2）当前挑战：项目中的难点或瓶颈，自己的应对举措；

（3）需要支持的事项：希望上司提供的资源或决策。

这种结构化汇报不仅有效缓解了任总的焦虑，也增强了其对项目的掌控力，使他能在高层会议中自信应对。

2. 利用多渠道展示“可见性”

依靠内部通讯平台定期发布项目动态，例如：

（1）项目里程碑公告；

（2）团队的创新突破与成果展示。

在适度场合（如朋友圈或公司新闻栏）分享团队成绩，也是一种提升部门存在感的有效手段。

3. 适度沟通，避免信息“过载”

信息透明≠频繁打扰

李经理在调整沟通方式后，采取了“疏而不远”的策略：设定合理的沟通频率，不在非必要场合过度汇报。既减少了对上司的干扰，也建立了稳定的信任沟通节奏。

● 向上管理核心观点

1. 有效透明信息能减少上司的焦虑，让其获得对团队和业务的掌控感；
2. 结构化、适度的汇报机制帮助员工赢得信任，而非陷入“信息疲劳”。

分析二：功劳争夺——让上司“赢”，你才能赢

错误场景回放：

在公司年度颁奖典礼上，李经理团队荣获“最佳产品创新奖”。发言中，他洋洋洒洒讲述了团队的努力与自己的管理成果，却完全忽略了任总的支持。

颁奖结束后，任总脸色阴沉，未与李经理握手。几天后，李经理的资源申请被无故否决。

职场功劳分配的“心理博弈”

职场中，功劳的分配是一门微妙的艺术，不仅涉及团队合作的认可，也影响上下级关系。忽视上司的贡献有两个隐形风险：

1.“架空感”导致防御心理

上司在公司中承担统筹和资源调配的角色。如果下属在成功场合只强调团队与个人的贡献，上司会感到自己的价值被削弱，甚至认为自己被架空。这种防御心理可能直接影响到对下属资源、机会的分配。

2.“失去认同感”影响长期合作

如果上司感觉自己的贡献未被承认，会逐渐减少对该团队的关注与支持，最终导致协作关系的破裂。

优化策略：让上司成为成功的“合伙人”

1. 公开场合适度感谢

李经理在后续的获奖发言中主动强调：“感谢任总在资源协调和战略把控上的支持，没有他的帮助，我们无法实现这个突破。”

这种公开感谢不仅是对上司贡献的承认，更能传递“我们是一支团队”的信号，让上司感受到被认同和尊重，提升合作的意愿。

2. 功劳共享策略，构建信任纽带

在内部团队会议中，李经理还主动强调：“这次的成果离不开任总的支持和引导，未来如果我们在工作中多主动与他对齐思路、保持沟通，相信能争取到更多关键资源和机会。”

通过功劳共享，不仅让上司获得归属感，还强化了上下级之间的协作关系，形成良性循环。

3.“功归于上,过归于己”的沟通策略

在需要汇报成绩时，李经理学会主动邀请任总加入关键讨论，以“共同参与者”的身份进行汇报，而不是个人单打独斗。

这种做法有效提升了上司在高层中的地位，同时强化了团队的整体话语权。

● 向上管理核心观点

1. 功劳共享≠丧失个人价值。适度赋予上司功劳，实际上是为团队和个人争取更大话语权。

2. 认同管理不仅是一种职场技能，更是赢得上司支持与信任的有效策略。

分析三：漠视礼仪——让上司体面是高情商沟通的底线

错误场景回放

在一次部门例会上，任总提出了市场推广策略。然而，由于数据分析不充分，方案中存在明显漏洞。李经理当场站起来直言："这个策略的数据模型根本不成立，我觉得不应该这样做。"

会议室顿时陷入尴尬的沉默，任总的脸色变得极为难看。会后，他私下向同事抱怨："李经理太不懂分寸，让我下不来台。"

为什么"体面"如此重要？

职场中，即便下属的意见正确，也需要顾及上司的面子与权威。这种"体面需求"有其合理性与心理动因：

1. 权威维护是职场基本秩序的需求

上司在组织中不仅承担决策职责，还扮演着权威象征的角色。如果下属在公共场合直接反驳，等同于挑战其决策能力。这会削弱上司在团队中的领导力，也容易引发他对下属的防御心理。

2. 职场面子文化的心理规律

人际心理研究表明，面子威胁会导致强烈的负面情绪反应。在团队管理中，这种情绪可能转化为针对下属的冷处理、资源压制等消极行为。

优化策略：在表达不同意见时兼顾体面与合作

1. 私下沟通，减少公开对抗场合

李经理后来学会了选择在合适的场合与任总沟通："任总，我有个补充分析，或许能对策略优化有帮助。"

这种方式既避免了公开场合的权威冲突，也能让上司感受到下属的支持，从而建立更好的信任合作关系。

2. 缓和语气，尊重上司的决策权威

李经理在公开场合提出不同意见时，使用了更为柔和的表达："任总的思路非常有启发，我有一个小建议，是否可以再验证一下数据模型？”

这种沟通策略巧妙地将不同意见包装成建议，既传达了自己的专业见解，又维护了上司的权威，让讨论更加具有建设性。

3. 运用“递进式反馈”技巧

如果必须在公开场合提出意见，李经理采用了三步法：

第一步，认同上司的基本思路；

第二步，补充具体优化建议；

第三步，提议合作验证数据模型。

这种递进式表达不仅缓和了上司的情绪，也能在团队中营造更积极的讨论氛围。

● 向上管理核心观点

高情商沟通的核心在于“人性管理”，即通过精细操作“三度”（能见度、吻合度、忠诚度）和避免“三忌”（漠视礼仪、损害上司信誉、争夺功劳），在尊重和维护上司体面的同时，为自己赢得更多资源、机会和长期信任。正如那句老话：你给上司留多少台阶，上司就能带你走多高的台阶。这种策略不仅体现在基本礼仪上，更在无形中构筑了双方互信的坚实基础。

对于职场管理者而言，信任是沟通的桥梁，也是职业成功的重要隐形资本。李经理的案例向我们揭示了信任关系中容易踩雷的区域及其有效修复策略，表明成为“值得信赖的下属”不仅依赖于个人能力，更需要智慧与情商。通过信息透明、合作协调，以及维护上司的荣誉，下属不仅能赢得上司的信任，还能为自己和团队的持续成功奠定坚实的基石。

本章总结

1. 信任为职场核心资本

信任不仅是上下级高效协作的基础，也是降低沟通成本、提升决策效率的关键隐形资产。

2. 信任的经济杠杆效应

类似经济中的信用额度，高信任环境能缩短审批流程，迅速调动资源，而低信任则导致内耗和效率损失。

3. 三大信任账户：能见度、吻合度与忠诚度

通过主动展示、精准匹配工作节奏和长久的责任承担，逐步构建并提升个人的信任资产，实现职场“信用额度”的增值。

4. 能见度策略：让你的价值被看见

高质量的自我展示与信息透明，能够在适当场合中显现专业成果，拉近你与上司的距离。

5. 吻合度原则：实现工作节奏与价值观的共鸣

通过观察和适应上司的工作风格、沟通偏好，确保你的表现与组织和领导的预期高度契合，赢得认可。

6. 忠诚度的力量：以行动兑现信任

持续兑现承诺、维护团队和上司的利益，是赢得长期信任和稳定支持的基石，体现出不可替代的职业品质。

7. 三大忌：避免透支信任的行为

规避漠视礼仪、损害上司信誉与争夺功劳等行为，确保每一次互动都能稳固并增值你的信任账户。

8. 麦肯锡信任公式：构筑正向信任资产

通过提升可信度、可靠度与亲密度，同时降低自私度，将信任细化为可操作的管理指标，指导日常沟通与决策。

9. 信任危机修复：构建持续改进闭环

当信任出现裂痕时，先冷静反思、主动沟通，再以具体补救措施、累积小胜利和机制优化，逐步重建上司与团队的信赖。

第五章

客户思维：

让上司为你“疯狂点赞”

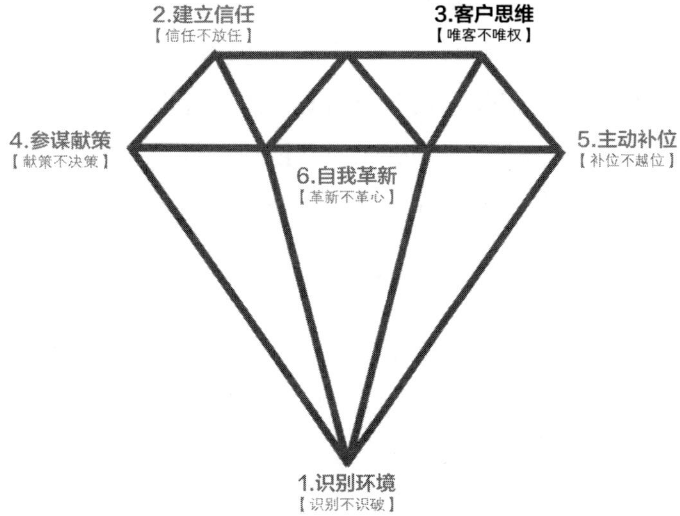

1. 客户思维的本质：把上司视为客户

笔者常听到学员们说：“老师，今天您讲的客户思维完全颠覆了我的想象和认知！”过去，很多人认为客户思维只适用于销售部门——面对外部客户，靠复购和口碑提升业绩。但实际上，我们所强调的客户思维，是一种全新的向上管理理念，即将上司视为“大客户”。

试想一下，销售人员如果能像服务大客户那样，用心洞察客户需求、积极提供超值服务，他们的业绩自然会水涨船高。同理，如果我们把上司也当成需要用心经营的客户，站在上司的角度去思考，了解他的处境、需求和关注点，我们就能像销售人员那样，在上司面前展现出极高的专业性和价值。实际上，我们在职场中的收入和晋升，很大程度上取决于上司对我们的认可与信赖。换句话说，当你把上司当成大客户去服务，你的“销售成绩”——即个人业绩和职业发展，也会随之水涨船高。

仅仅满足上司的既有需求远远不够，真正优秀的职场人士要具备向上管理思维：主动引领而非被动等待。优秀员工的价值就在于能为上司提供高水平的智力支持，成为他在关键领域的“头号智囊”。

上司在想什么？

要赢得上司的认可，首先你要理解他当前的关注点和核心任务。上司的思维往往围绕着以下几个方面展开。

1. 工作推进：上司的主要目标是确保团队的任务顺利完成，因此他最关心的是各个项目进度、质量和结果。

● 向上管理小贴士

（1）汇报进度有条理：定期向上司汇报项目进展，简明扼要地说明完成情况、当前挑战及下一步计划，避免让上司主动询问；

（2）做好计划管理：使用时间管理工具，如甘特图、看板图等，确保项目按时推进，让上司对任务进度有全局掌控；

（3）明确优先级：在任务繁重时，主动与上司确认优先事项，确保团队资源合理配置。

2. 问题解决：任何一个领导者都不希望被动地面对问题，而是希望团队成员能够主动识别并解决问题。

● 向上管理小贴士

（1）主动反馈风险：一旦发现潜在问题，第一时间向上司反馈，并附上可能的解决方案；

（2）复盘与总结：项目结束后与团队一起复盘，总结问题与改进措施，形成知识积累，避免同样问题反复出现；

（3）建立问题预警机制：制定风险预警机制，定期监测关键节点的数据和指标，以便及时发现并解决问题。

3. 团队表现：上司的业绩与团队表现直接挂钩，因此他需要团队成员能够高效、协作地完成任务，以提高整体业绩。

● 向上管理小贴士

（1）协作意识：主动与团队成员沟通，建立明确的任务分工和沟通机制，确保信息互通有无；

（2）帮助团队提升：积极分享自己的经验和技能，帮助其他成员提升工作效率，带动整体业绩的提高；

（3）打造个人品牌：在团队中树立积极、可靠的个人形象，通过高质量的工作让上司感受到你的价值。

赢得上司的认可是一场持久的“价值输出”战。理解他的关注点，主动管理信息、解决问题、带动团队成长，都是实现双赢的关键。真正的职场高手并不仅仅是完成任务的执行者，而是上司的“得力伙伴”与“思想助手”。因此，每一次汇报、每一次问题处理都是向上展示能力的舞台。让上司感觉到，交给你的工作不仅能放心完成，更能带来额外的惊喜与突破。

上司现在面临的处境是什么？

要有效地理解上司的思维逻辑与行为模式，首先必须站在他的角度，清晰判断他当前所处的职场环境与面临的核心挑战。这不仅能帮助你找准与上司的沟通切入点，也能让你在团队中更好地展现价值。一般来说，上司的处境大致可以分为顺境与逆境两种，且每种情况都有不同的应对策略。

案例：新任领导的“烂摊子”突围

任总是一家大型民营制造企业的运营总监，刚上任时，接手部门业绩低迷、流程混乱、员工士气低落，堪称是一个实实在在的“烂摊子”。与此同时，他的上司张董面临外部客户投诉和高层压力，情绪焦虑。任总不仅要迅速扭转部门局面，还需要快速进入角色，整合团队，重塑张董信心，最终实现逆境到顺境的转变。

逆境阶段：快速救火与稳定上司情绪

1. 聚焦关键痛点

任总召开内部研讨会，锁定客户投诉频发和流程瓶颈问题，并组建专项小组制定紧急改进方案。

2. 数据化汇报

每周向张董汇报关键指标（如交付准时率、客户满意度），通过图表展示阶段性进展，让上司看到问题正在改善。

3. 情绪管理与共情沟通

主动与张董进行一对一交流，理解其焦虑与压力，提前准备多套方案，让上司有更多选择和信心。

4. 跨部门协同

调动其他部门资源，优化流程，降低内部摩擦，为紧急问题提供协同解决方案。

顺境阶段：迈向战略发展与创新升级

1. 战略规划参与

随着部门业绩逐步恢复，张董的焦点转向长期发展。任总主动参与公司年度战略规划，通过数据分析预测市场趋势，为新产品线和业务拓展提出前瞻性建议。

2. 创新与独立决策

利用市场调研和内部数据，任总提出创新举措，展示独立问题解决能力，减少日常事务对上司的依赖，提升团队整体竞争力。

3. 持续优化团队核心能力

推动内部培训和跨部门协作，构建团队的“核心能力”，让团队在稳固现有成果的基础上不断创新和成长。

4. 同步上司愿景

在每次汇报中，将建议与张董的管理理念和公司愿景对接，确保上司看到你的战略眼光与长远规划，从而在资源配置上给予更大支持。

顺境和逆境，你应该如何向上管理?

1. 顺境：追求长期发展与创新

从上面的案例我们也可以体会到：在顺境中，上司往往带着更多的从容与自信。他的关注点不再是简单的任务交付，而是团队的长期成长与创新能力的积累。此时，你可以思考如何在已有的成功基础上帮助上司推动变革，或者挖掘新的业务增长点。

如何在顺境中赢得上司的认可?

（1）提出创新建议：顺境中，上司对新想法往往更为开放。你可以主动分析行业趋势，为项目优化或新业务拓展提供建设性建议；

（2）展示独立解决问题的能力：此时的上司可能更希望看到团队成员具备独立决策的能力，减少对日常事务的依赖；

（3）帮助上司布局长期规划：例如，参与制定年度战略计划，分析潜在风险和机会，让上司感受到你的战略思维；

（4）打造团队的“核心能力”：主动参与或推动技能提升活动，帮助团队积累关键能力，从而增强整体竞争力。

2. 逆境：聚焦短期突破与风险控制

逆境下的上司往往面临巨大的压力，可能源自公司业务受阻、外部市场变化，或者内部团队协作不畅等因素。在这种情况下，上司的决策通常更加谨慎，情绪也可能变得紧张，甚至苛刻。

正因如此，很多职场人会感受到一种“**踢猫效应**”，即上司因外部或高层压力而产生的负面情绪，会层层向下传递；上司不满时，会在下属身上“发泄”情绪，下属在无处宣泄的情况下，又可能将负面情绪继续传导给更下层或其他同事。

这不仅会破坏团队氛围，也会使真实问题被情绪掩盖，难以得到有效解决。要想在这样的逆境中稳定局面，就需要有人扮演“**解压阀**”的角色，帮助上司疏导情绪、理清问题，让他能集中精力于关键决策与资源分配。

如何在逆境中成为上司的“解压阀”？

前面提到的案例中，任总初来乍到，面对的正是一片“烂摊子”的逆境：部门业绩低迷、流程混乱、团队士气低落，高层也在施加压力。此时，他不仅要稳住下属，还要承担向上管理的职责，协助上司（张董）减轻情绪负担、快速聚焦核心问题。

在逆境中，上司往往面对多重压力：业务指标下滑、内部协同断裂、资源调配不足，以及外部市场的急剧波动。这时，上司不仅需要迅速做出决策，更急需有人帮忙梳理问题、减轻情绪负担，让自己能更专注于关键决策。此时，就需要你成为上司的“解压阀”。

第一，冷静梳理痛点

认真倾听上司的反馈，梳理出当前最突出的几个问题卡点，如信息不畅、决策滞后、流程瓶颈或跨部门沟通障碍。

利用数据和实际案例，客观描述问题现状，为后续制订应对措施打下基础。

第二，基于资源优势制订针对性方案

分析现有团队资源和专业能力，评估哪些问题是最容易在短期内解决的。

针对每个痛点，设计具体、可操作的解决方案，并预估实施效果和风险。例如，针对信息不畅，可以引入定期的快速汇报机制；针对流程瓶颈，可提出流程再造或自动化工具的应用方案。

第三，简化决策流程，快速提供决策支持

整理出关键信息和数据，以精炼、直观的方式向上司呈现，让他能够在复杂局面中迅速做出判断。

建立“关键指标卡片”和“应急预案”，确保在上司询问时，能够迅速响应并提供有力的数据支持。

第四，情绪管理与正向支持

理解上司在逆境中的情绪波动，主动表达理解与支持，用实际行动帮助上司缓解焦虑。

定期进行非正式沟通，通过正面案例、团队正能量展示和适时的鼓励，传递积极情绪，增强上司的安全感。

第五，整合资源，形成协同效应

组织跨部门讨论会，借助不同职能团队的智慧，共同解决问题，形成协同效应。

同时将改进成果及时反馈给上司，使其感受到整个团队在不断优化和突破，进而减轻决策压力。

通过上述策略，你和团队不仅能帮助上司迅速聚焦并解决当前的急迫问题，还能通过数据支持和情绪疏导，成为他在逆境中的有力后盾。这样，不仅上司的压力得以缓解，你的专业能力和战略视角也会获得上司的高度认可，从而为整个团队创造更稳定的未来。

3. 顺境与逆境的共性思维：对核心价值的渴求

无论顺境，还是逆境，上司的核心需求永远指向两个关键词：效率与价值。在顺境中，上司需要团队为公司创造增量价值；在逆境中，上司希望迅速提高效率、解决危机。因此，你的角色不仅是“任务执行者”，更是价值创造者与问题解决者。

向上管理小贴士：打造“多维价值输出模型”

1. 任务价值输出： 高质量完成分配任务，确保结果可见；

2. 决策价值输出： 通过清晰的信息与分析帮助上司优化决策流程；

3. 情绪价值输出： 提供情绪支持与正向引导，帮助上司减轻心理压力。

成为上司的“得力助手”并不仅仅意味着执行任务，而是要站在他所在的处境中，思考如何为他分担焦虑、创造更大价值。这样，你的职场影响力将得到倍增。

上司在乎的是什么？

在职场中，上司的核心关注点不仅源自业务压力，更与他的个人职业诉求紧密相关。理解并助力上司的目标，不仅能赢得他的认可，还能让你在团队中站稳脚跟、脱颖而出。通常而言，上司的关注点可以从以下三个层面展开：

1. 前途发展：职场晋升与影响力的扩大

作为公司中层或高层管理者，上司的思维不仅停留在当前工作成就上，更关注自己的职场晋升路径与未来影响力的拓展。这意味着他在日常决策中会考虑如何在公司内树立“解决问题的能力”和“业务增长的推动者”形象。

如何助力上司的前途发展？

（1）成为“业绩加速器”：主动承担具有挑战性的任务，用出色的成果为上司赢得更多曝光与认可；

（2）构建“高效团队”：帮助上司优化团队协作模式，提升整体效率，让他被视为“优秀团队的缔造者”；

（3）主动传递正向影响：在公司内部营造良好的口碑，适时在跨部门合作中为上司传递积极信息，让他的形象更为鲜明。

2. 当下收入：业绩表现与薪酬奖金挂钩

无论职位高低，上司的收入通常与团队的业绩直接相关。在公司业绩导向明显的情况下，完成关键业绩指标往往是他的第一要务。因此，上司会更加关注任务交付的时间节点、质量，以及团队的成本控制能力。

如何成为上司的“业绩助推器”？

（1）清晰的目标管理：主动协助上司梳理团队的关键绩效指标（KPIs），确保资源合理分配，减少低效任务的消耗；

（2）用数据说话：通过数据分析为上司提供有说服力的绩效提升建议，让他在高层会议中更具话语权；

（3）精准资源调配：帮助上司控制成本，尤其是在预算紧张的情况下，通过流程优化提升工作效率。

3. 职位名利：权威的树立与话语权的掌控

在职场中，名利不仅仅体现在职位名称上，更体现在是否拥有足够的决策权与行业影响力。上司往往希望在公司内外树立强有力的管理形象，以确保自己在关键业务决策中拥有更多的话语权。

如何为上司的“名利版图”添砖加瓦?

（1）帮助他“展现成就”：在公司内部或行业大会中，主动协助上司整理成功案例与经验，提升他的曝光率；

（2）加强对外品牌建设：如果上司负责面向外部的业务，可以在社交媒体或行业场合帮助他构建专业形象；

（3）巩固内部权威：通过协助上司制定高效的管理策略，让团队的执行力明显提升，从而增强他在公司内部的威信。

像上司一样思考，成为他的“解决方案”

在笔者授课过程中，经常强调：**上司的处境就是你的处境，上司的难题就是你的难题**。

将上司的处境视为自己的处境，将上司的难题看作自己的挑战。只有站在他的角度去思考，才能更好地理解他的决策逻辑与关注重点，从而提供真正有价值的支持。记住，一个高效的职场伙伴不仅是执行任务的能手，更是缓解上司压力、助力团队成长的“解决方案”。当你能像上司一样思考时，你就成了他职场生涯中不可或缺的力量。

2. 客户思维九宫格：三大维度×三个等级

在职场中，许多人感到困惑：为什么自己努力工作，却始终无法获得晋升机会？一个关键的原因在于“客户思维”的缺乏。真正优秀的管理者和职场精英，不仅仅是任务执行者，而是能站在客户的角度思考问题、主动创造价值的人。

在管理实践中，笔者团队研发出了“客户思维九宫格”，它不仅仅是一个工具，它更是一种工作哲学、一种让你在职场中脱颖而出的思维模式。本节内容，笔者将带你深入解读这个由“三大维度×三个等级”构成的思维模型，帮助你在日常工作中看清需求、精准执行，并对结果做出科学检验。

管理大师德鲁克针对战略提出了五大灵魂拷问，相信很多企业每年在梳理战略时都可以用到，每一位管理者和职场人士都应认真思考：

1. 我们的使命是什么？

2. 我们的顾客是谁？

3. 我们的顾客需要什么？

4. 我们能为顾客的需求贡献什么？

5. 我们的计划是什么？

这些问题的核心就在于“客户价值”。换句话说，能否理解客户需求、提供优质服务，并持续改进客户体验，决定了一个人在职场中的成长空间。

为了更好地实践这一思维方式，笔者借鉴德鲁克的战略五问总结提炼出了“客户思维”的黄金三问（详见图5-1）：

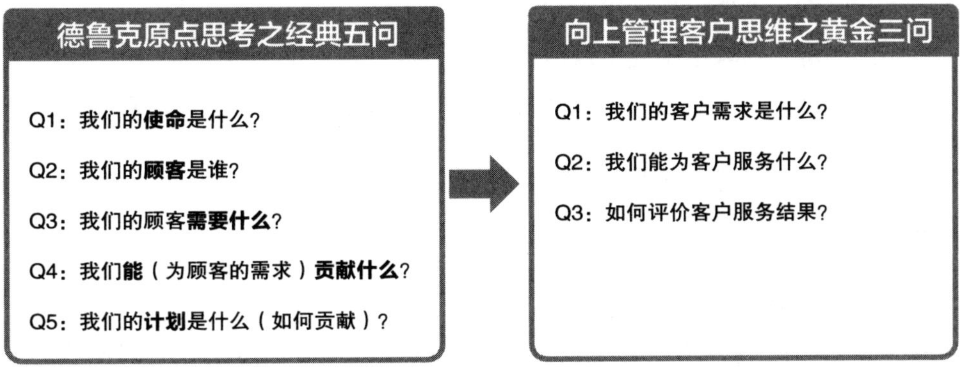

图5–1　客户思维的黄金三问

1. 客户的需求是什么?

2. 我们能为客户提供什么服务?

3. 如何评价客户服务的结果?

基于这三个核心问题，我们构建了客户思维九宫格，帮助职场人士从初级执行者成长为高级价值创造者。

所谓“客户思维九宫格”，可以理解为从三个维度上系统化地思考客户需求及其满足过程，再在每个维度上区分三个等级的精细化管理（详见表5–1）。

表5–1　客户思维九宫格

维度＼等级	初级水准	中级水准	高级水准
客户需求	了解客户的需求	与客户讨论明确需求	主动发现客户的需求并得到客户的确认
客户服务	根据客户要求执行	与客户讨论提出解决方案	主动提出解决方案并得到客户的确认
客户满意	由客户来判定好坏	与客户讨论并确认的标准来判定好坏	超出客户期望的标准来判定好坏

客户需求：识别客户真正的需求。

客户服务：采取行动满足客户需求。

客户评价：检验结果并持续改进。

这三个维度又可以按照不同的呈现划分为**初级**、**中级**、**高级**三种。

从初级到高级：客户思维的跃迁路径

初级水准：被动执行者

关键词：听从指令、按部就班、完成任务

职场中不少管理者，也有一些新人通常停留在初级水平：**被动接受任务，不主动思考**。他们的工作方式是：

1. 只在上司提出需求后再行动；

2. 只按照上司的指示完成任务，仅完成上司安排的那部分；

3. 认为工作完成就等于成功，而忽视上司对结果的满意度。

这种思维模式的典型表现是：**缺乏主动性，职业发展容易受限**。

案例：中层管理者张经理的“被动执行”

张经理是某知名快消品公司的区域销售部经理。上个月，总部要求各区域不仅提交销售数据，还需附上市场分析和战略建议。张经理按照惯例，组织团队整理数据，生成标准Excel报表，按时提交，但报告仅停留在数字罗列上，未体现深度分析与战略思考。

错误做法：

1. 缺乏主动沟通：张经理未主动与总部沟通需求，错过了挖掘数据背后问题的机会；

2. 固守传统流程：仅依赖Excel整理数据，未利用数据可视化工具展现趋势，信息表达单一；

3. 忽视客户思维：没有站在决策者角度，提供针对区域市场动态的精准建议，导致报告失去战略价值。

正确做法：

1. 主动沟通需求：在任务下达后，直接了解总部关注的核心指标和市场疑点；

2. 优化工作方法：借助可视化工具，将数据直观呈现，迅速捕捉关键趋势；

3. 转变思维模式：以客户思维为导向，不仅完成数据汇总，更要提供独到的战略建议，帮助决策。

中级水准：解决方案提供者

关键词：深入理解、共同探讨、协作共赢

具备“中级客户思维”的职场人士，开始**主动与上司沟通，提供解决方案**。他们的做法是：

不仅听取上司需求，还能通过讨论帮助上司梳理真正的问题。

不只是执行任务，而是与上司共同制定解决方案。

在评价时，不单纯依赖上司反馈，而是预设合理的衡量标准。

这种层级的人才已经具备了一定的影响力，能够通过专业能力帮助上司，提高信任度和合作深度。

案例：资深产品经理王女士的现场共赢实录

王女士，是一名资深产品经理，过去一直以执行者心态工作，认为“上司说什么就做什么”是最稳妥的方式。然而，她逐渐意识到，这种做法并不能真正满足上司的核心需求。当她开始把上司当成“重要客户”去理解和服务时，职业发展的路径随之改变。

上司布置的“优化任务”，为何屡次被否？

王女士的上司李总，负责多个产品线，日常事务繁忙，对产品团队的要求极为严格。他常常在会议上直接下达指令，比如：

“这个模块的用户体验太差，你们优化一下。”

“客户反馈这个功能不够顺畅，你尽快给个改进方案。”

起初，王女士按照字面意思去执行，优化界面、调整流程，甚至主动增加了一些交互设计。但每次提交方案后，李总的反馈都很不满意：

“这不是我想要的优化方向。”

“你们做的这个和业务核心需求没关系。”

“解决方案太泛泛了，没有针对性。”

王女士感到困惑，自己明明在认真完成任务，为什么上司总是不认可？直到她换个角度思考，把上司当作客户，主动挖掘他的核心需求，她才找到了突破口。

错误做法：传统的“任务执行者”思维

1. 浮于表面，只听指令不挖需求

李总让她优化用户体验，她便简单调整界面布局，未深入分析“用户体验差”究竟指的是什么。

她没有主动追问：“具体是哪个环节影响了用户体验？”结果，改进方案与李总的核心关注点不匹配。

2. 单向输出，闭门造车式地制定方案

她凭经验制定优化方案，未与李总深入讨论，也未结合公司业务目标，导致方案缺乏针对性。

方案提交后，上司总是要求反复修改，甚至直接推翻。

3. 缺乏量化标准，方案难以落地

她提交的方案缺乏具体衡量标准，比如“优化后用户留存率提高多少？”“系统操作时间缩短多少？”

李总难以判断方案的实际价值，最终只能凭主观感觉评价，导致她的努力难以获得认可。

正确做法：用“客户思维”向上管理

意识到问题后，王女士调整了策略，开始像对待大客户一样对待上司，不仅执行指令，还主动引导需求，提供真正有价值的解决方案。

1. 深入理解需求，主动探讨业务痛点

过去，她听到“优化用户体验”就直接调整界面，现在，她学会了先问清楚：

“李总，用户体验差的具体表现是什么？是操作流程复杂，还是系统响应慢？”

“这个优化的最终目标是什么？是提高用户留存率，还是减少客服投诉？”

通过几次深入沟通，她发现李总最关心的是：某个关键操作步骤过于烦琐，导致用户流失率过高。于是，她的方案不再只是调整UI，而是优化操作逻辑，让用户在更少的步骤内完成任务。

2. 共同制定方案，提高上司的参与感

过去，她习惯一个人埋头改方案，现在，她学会了让李总参与讨论。

她先整理出几个优化方向，邀请李总一起头脑风暴，而不是等方案做完后才征求意见。

过程中，她用简单的流程图向李总展示优化思路，确认方向后再进行详细设计。

这样，李总不仅更清楚方案的思路，也更容易接受最终成果，不会轻易推翻。

3. 设定量化目标，让方案更具说服力

过去，她提交方案时，没有明确指标，导致上司难以判断效果。现在，她提前设定衡量标准：

“优化后，用户操作时间减少30%。”

“目标是一个月内用户流失率下降10%。”

“新增的操作指引功能预计减少客服咨询量20%。”

当方案被量化后，李总能更直观地评估成效，也更愿意采纳她的建议。

4. 站在上司角度思考，让方案更贴合整体战略

过去，她只关注具体任务，现在，她会主动研究公司的战略方向，确保方案能支持更大的业务目标。

她还学会了用高层的语言汇报成果，比如：“这次优化不仅能提升用户体验，还能减少运营成本，提高客户留存率。”

这样，李总在高层会议上汇报时，也能更轻松地展示团队的贡献。

高级水准：价值创造者

关键词：前瞻性、创造性、超预期

在“高级客户思维”的层面，个人的价值不仅仅体现在解决问题上，更体现在**主动发现需求，超出上司期望**。他们的表现包括：

在上司尚未明确表达需求时，就能提前发现痛点，并提出优化建议。

不只是提供解决方案，而是提前设计更优的策略，并获得上司认可。

不只是按照标准执行，而是创造超出上司预期的体验。

这种思维方式不仅能让职场人士获得客户的高度认可，还能在组织内部**快速晋升，成为业务核心**。

案例：陈经理的超预期战略，以前瞻性创造长期价值

背景

在一家领先的科技公司，市场部面临转型升级的关键时期。上司张总要求部门在保持当前业绩的基础上，开拓新兴市场并提前布局未来技术。然而，张总在公开会议中并未明确提出新市场的具体方向，只强调“要有前瞻性”，这使得部门内部的意见分歧较大。作为高级管理者，资深产品经理陈经理意识到，只有站在张总的角度，把他当作高级客户来服务，主动挖掘并超越其未明确表达的需求，才能为公司创造长远竞争力。

前瞻性洞察与需求发现

陈经理在听取张总近期与高层沟通后，私下了解到：

张总暗示，竞争对手正积极投入5G和人工智能领域，未来市场格局将发生重大变化。

张总担心公司现有产品线虽然稳定，但在新兴技术面前会逐渐失去竞争优势。

基于这些非正式的信息，陈经理利用内部数据与行业调研报告，发现当前产品虽然用户反馈良好，但在关键数据处理和实时响应方面还有明显短板，尤其是在数据预处理、缓存机制和智能分析方面。这些问题若能解决，不仅能提高现有产品性能，还能为新技术的迭代升级奠定基础。

超预期方案设计：从细节到全局

陈经理决定打造一份超预期的优化方案，具体体现在以下几个方面：

1. 数据优化与实时响应升级

（1）前瞻性目标：不仅将系统响应时间从原来的5秒降至1秒，还计划引入数据预处理与缓存技术，确保在高并发情况下系统依旧保持稳定。

（2）量化指标：预设目标为数据响应时间缩短30%、系统负荷降低20%。为此，他设计了详细的技术路线图，并列出了关键实施节点和风险预警机制。

2. 用户体验与交互设计革新

（1）细节改进：陈经理主动联系用户体验部门，对现有界面和流程进行细致分析，发现某些功能模块在操作上存在冗余步骤。

（2）优化方案：他提出采用模块化设计，将复杂操作简化为“一步到位”的流程，并通过A/B测试验证改进效果，确保新设计能直观提升用户体验。

3. 跨部门协同与资源整合

（1）内部沟通：为了确保方案的全方位落地，陈经理主动召集研发、销售、客服等相关部门进行多次头脑风暴，整合各方资源。

（2）协同机制：他建议设立定期跨部门协调会议，将各部门的反馈和改进措施实时汇总，为张总提供一个完整的战略调整报告。

4. 全面的方案呈现与决策支持

（1）多角度展示：陈经理制作了一份结构化的PPT，包含详细的市场数据分析、技术对比图、风险评估表和预期效益预测图。

（2）情景模拟：在方案汇报时，他利用模拟数据展示了不同方案在实施后的效果，并附上备选方案，让张总在面对市场波动时有更多应对选择。

实施与效果

在一次关键的高层战略会议上，陈经理正式向张总和公司高层展示了这份超预期方案。会议中，他首先用图表展示了市场趋势和竞争对手的最新动态，接着详细说明了现有产品在数据处理和用户体验方面的短板，以及通过预处理、缓存升级所能带来的效益。

张总在听取汇报后表示："这正是我一直担心的问题，你的方案不仅解决了现有短板，还为我们未来的技术升级提供了清晰方向。"

经过几个月的试点运行，数据表明新方案使系统响应时间平均缩短了35%，系统稳定性显著提升，同时新界面也收到了用户高度评价。高层在随后的讨论中，进一步赋予陈经理更多资源，推动其方案全面实施，并将其作为公司战略转型的重要支撑点。

从初级到高级：客户思维的四大核心策略

1. 训练洞察力：学会倾听与提问

（1）深入业务背景

在与上司沟通前，全面了解他所负责的业务范畴、战略重点，以及他最关心的部门绩效或市场动向。预判可能的"痛点"，有备无患。

（2）多问"为什么"

不要满足于上司的表面指令，例如，"赶紧出个方案，这块业务要加快推进"。你需要不断追问，"为什么要这样做？""上司最想解决的核心问题是什么？"通过持续追问，挖掘出上司真正的担忧或目标。

● 向上管理小贴士

定期进行"上司需求复盘"，像对外客户回访一样，总结近期与上司的互动内容，寻找更深层次的需求和信号。

通过问卷或短期项目检查，收集反馈，培养对上司"需求动向"的敏锐洞察力。

2. 建立解决方案思维：从被动执行到主动设计

（1）超额完成任务

不再局限于"上司让我做什么就做什么"，而是思考"如何让上司的目标更快达成，或者让他在高层汇报时更有说服力"。这需要站在上司视角综合考虑资源、流程和潜在风险。

（2）主动提出方案

当上司表达需求或痛点时，变被动为主动，拿出自主策划和改进措施的“初步雏形”。让上司感受到你的专业度和责任感，减少他对细节的担忧。

● 向上管理小贴士

在项目启动前，预先准备2～3个备选方案，为上司提供多种选择，并附带成本、时间和效果系统性对比。

将“提案模板”固化成思维工具（如SWOT分析、风险评估表），帮助你迅速梳理要点，形成成熟的解决思路。

3. 关注“上司体验”：设定更高服务标准

（1）价值导向

持续评估你的工作是否真正为上司的关键目标和长期规划创造了价值，而不仅仅是完成一项任务。让上司在每次与您的合作中，都感到省时、省力、成果显著。

（2）提升“上司体验”

就像关注客户体验一样，你也要定期反思：上司在向你布置任务或沟通需求时，是否能得到高效反馈？他在做高层汇报或绩效评估时，能否轻松引用你提供的数据和成果？

● 向上管理小贴士

为上司打造“专属服务流程”：从接收需求到呈现成果都做到简洁、专业、可视化。

定期问自己：“我的上司对这项工作的满意度如何？有没有地方能再进一步超出他的预期？”

4. 结果导向：用数据与成果说话

（1）明确衡量标准

在方案设计之初，就和上司共同设定清晰的绩效指标（如完成时间、质量标准、成本控制），让上司心中有数，也让你有据可依。

（2）持续复盘优化

每次完成阶段任务后，进行快速回顾：哪些地方可以进一步提升？哪些数据指标还可以提高？这样的循环迭代，能让上司看到你的成长和对结果的执着追求。

● 向上管理小贴士

建立定期的“数据跟踪和分析”机制，例如每周或每月呈现进度表，让上司实时掌握项目动向。

及时总结改进空间，并在下次行动中做出微调，实现不断的价值累积。

善用高级客户思维让上司“离不开你”

在竞争激烈的职场中，能力和努力固然重要，但真正让你脱颖而出的，是“为上司创造持久价值”的能力。

初级阶段：听令行事，注重完成任务；

中级阶段：能提出解决方案，与上司共同商讨对策；

高级阶段：提前发现问题或机遇，主动提供超预期的策略和执行路径。

只有真正将上司当成“高级客户”去对待，从洞察需求到主动设计解决方案，再到设定高标准和用成果说话，才能不断提升自身的“不可替代性”。最终，你将在组织内部获得更多认可与信赖，成为推动团队乃至公司前进的关键力量。

3. 从反馈到超预期：持续提升客户满意度

在向上管理的实践中，始终坚持“客户思维”意味着不断探寻上司的真实需求，并以超出预期的表现赢得信任与赞誉。下面，笔者将结合具体的实践方法，逐步剖析如何从反馈走向超预期，持续提升客户满意度。

第一步，从上司视角出发：发现需求的两大要点

1. 站在上司角度思考问题

很多时候，我们在完成任务时只关注自身职责，而忽略了上司背后的思考模式。实际上，每个人看问题的角度各有不同，上司在决策时必须兼顾更

广泛的战略和全局利益。

● 向上管理核心观点

（1）主动揣摩上司的难处与压力

例如，当部门面临KPI未达标的压力时，上司可能会急于调整策略或寻求补救方案。这时，我们不仅要从数据本身出发，更要考虑到上司背后所担负的部门整体发展和高层决策压力。

（2）利用工作工具解码需求

通过梳理组织战略分解表、部门目标管理表、上司关注的任务及高层安排，我们能清晰定位上司真正关心的核心业务与关键问题。

2. 关注核心业务，发现核心需求

上司最关心的是能够直接推动核心业务发展的举措。即使你的工作与核心业务关联不大，也应努力将工作与核心目标对接。

● 向上管理核心观点

（1）贴近核心业务，寻找切入点

比如，部门近期的核心任务可能涉及提升产品市场占有率，那么即使你负责的是后台支持，也可以主动为市场部提供数据支持或优化流程，帮助他们更高效地执行任务。

（2）结合数据和实际情况，捕捉需求细节

从部门目标管理表中，找出当前未达标的KPI，提出具体改进方案，正是让上司看到你对核心问题洞察力的最佳证明。

案例：陈总的洞察之道——从上司角度发现核心需求

在某知名科技公司，产品部门正面临业绩压力，KPI连续下滑，部门负责人张总忙于应对高层压力，急于调整战略。

作为产品副总监的陈总，并没有只是等待上级的指示，而是主动站在张总的角度思考问题。他意识到，张总不仅担忧数字下降，更关注如何恢复部门核心竞争力，以及如何在高层会议上展现出强劲的增长势头。

在一次部门会议上，张总神情凝重地说道：“我们的产品市场占有率严重低于预期，我需要一个真正能推动核心业务发展的方案。”

陈总没有急于给出已有的改进措施，而是先冷静分析："张总，您认为目前影响市场占有率的关键因素是什么？是产品功能不够创新，还是客户反馈中存在操作痛点？"

张总沉思片刻后回答："我觉得主要还是用户体验上存在漏洞，部分流程冗长导致客户流失。"

陈总顺势展开了他提前准备的部门目标管理表和市场数据报告，指出当前KPI中最薄弱的环节，并用数据直观呈现了用户在某些关键流程中的停留时间与流失率。

陈总的向上管理之道

1. 主动识别上司难处：陈总通过精准提问，帮助张总梳理了绩效背后的真正问题，同时展现了自己的全局思考力。

2. 利用工具解码需求：借助组织战略分解表和部门目标数据，他精准捕捉了"用户体验痛点"，为后续方案制定打下坚实基础。

在这次会议后，陈总迅速组织团队制定了一套针对性改进方案，包括简化操作流程和引入交互优化措施。张总看到陈总的深刻洞察和前瞻性，认为这正是他需要的"核心改进"方向，并在后续高层会议上给予了高度认可。

● 向上管理小贴士：理解上司指令的2W1H法则

在执行任务前，务必确保自己准确理解上司的意图。2W1H法则：What、Why、How，不仅是一种沟通技巧，更是确保工作高效落实的基本策略。

1. What：明确任务内容

（1）态度积极：面对任务时保持乐观主动；

（2）听取记录：认真听取上司指令，并做好详细记录；

（3）复述确认：将自己的理解复述给上司，确保双方信息一致。

2. Why：明确任务目的

（1）直接询问：若有不明之处，主动向上司确认任务背后的战略意图；

（2）结合实际：基于现有信息和工作经验，推测上司期望达成的效果，再与上司确认。

3. How：规划实施方案

（1）详细说明：明确阐述接下来的行动计划，包括数量、质量及时间节点；

（2）达成共识：确保上司认可你的计划后再开始执行。

第二步，以客户服务心态实现超预期

在向上管理中，把上司视为“内部客户”尤为重要。良好的工作态度和周到的服务不仅体现在任务完成上，更体现在持续改进和主动提供解决方案上。

● 向上管理核心观点

1. 周到全面的思考：在工作过程中，不仅要解决当前问题，更要预见潜在风险和机遇；

2. 精确准时的汇报：无论是工作进展，还是问题反馈，都要做到信息准确、汇报及时，让上司始终掌握全局；

3. 提供方案供上司决策：当问题出现时，不仅要汇报，还要附上多种解决方案，展现你的综合判断能力。

4. 满足并超出客户需求：例如，在部门承担某次紧急项目任务时，你没有止步于完成基本要求，而是展现出系统性的工作方法和超预期的价值输出。首先，你通过积极倾听和深入沟通，全面理解了上级和客户的真实需求，并将关键点进行记录和确认，确保方向不偏差。随后，你将任务细化分解，设定优先级，高效推进执行，并在过程中持续关注质量与细节。

多一盎司定律

著名投资专家约翰·坦普尔顿提出“多一盎司”往往带来超常的成果。事实上，中等成就与卓越成就之间的差距，往往只是那额外的一点点努力。对于向上管理来说，这意味着在完成任务时多付出一点心思，多考虑一点细节，便可能带来意想不到的成效。

1. 快速响应、高效执行：面对突发状况时，迅速组织团队，给出多套应急方案，让上司觉得你不仅有备而来，还能在关键时刻稳住局面；

2. 遇见问题、主动思考方案：每次工作反馈中，除了说明进展情况，还主动提出改进方向，让上司看到你对工作的深入思考和全局把控。

3. 为达成目标想尽办法：在目标面前不留后路，积极整合各方资源，不惜打破常规，甚至在逆境中尝试创新策略，确保任务最终完成，让上司感受到你对目标的执着和解决问题的决心。

第三步，客户满意的衡量维度：如何让上司真心“点赞”

如果将上司视为你的大客户，那么他的满意度就像客户复购一样，会直接带来持续的回报。当一个客户满意后，他会不断回头购买、频繁沟通、增加订单；同理，当上司对你的表现满意时，他会在以下几个方面给予你正向反馈和更多机会：

1. 沟通频率提升

就像满意的客户会主动联系你咨询更多产品信息，上司会更频繁地与你沟通，寻求你的意见和建议，从而让你参与更多决策讨论，让你成为他的信赖顾问。

2. 更多委任机会

上司如果对你的工作满意，就会愿意把更重要、更具挑战性的任务交给你，充分体现对你的信任与认可。

3. 晋升与考评加分

满意的客户会不断为你带来业绩增长和品牌口碑；而上司的高度满意，则会在绩效考核、晋升评定时为你加分，让你的未来职业发展充满更多机遇。

4. 更大授权与自主权

当客户建立了长期的合作关系，他会给予你更多自主决策的空间；同样，上司如果觉得你能为他分担压力、创造价值，他就会把更多的决策权和资源分配权交给你，助力你在团队中发挥更大作用。

当上司像大客户一样对你表示满意时，他会通过增加沟通、委任关键任务、提供晋升机会和更大授权等方式回馈你的努力。正如市场中客户的持续购买带来稳定收益一样，满足上司需求、超越预期地服务上司，将使你的职业道路不断拓宽，赢得更多“复购”机会。

在向上管理中，我们始终要追求的是高标准的客户（上司）满意度。为此，不仅需要了解上司的显性需求，更要洞察潜在需求，通过系统性的工作方法和超出常规的努力来不断提升自己的服务质量。

从反馈到超预期，并不是马上就可以收获到的结果，而是在日常工作中不断践行客户思维、换位思考、精准沟通和主动创新的过程。通过站在上司角度看问题、贴近核心业务、运用2W1H法则、了解上司意图以及多一盎司定律的实际应用，我们不仅能够满足上司的期望，更能不断超越，最终赢得上司的全面认可和信任。在实际操作中，每个职场人都能从身边的工作任务中体会到这种转变带来的巨大成长和价值提升。

案例与实战：普通员工VS职场奇兵的生存法则

在职场上，同样面对相似任务，不同的思维方式和执行力往往会造就截然不同的结果。本节我们通过李丹与佳航这两个鲜活的案例，深入探讨从“成品意识”到“精品意识”的转变，以及如何以客户思维为基石，实现从普通员工到职场奇兵的蜕变。

案例背景

某创业阶段的贸易型公司上个月实现业绩300万元，同时公司迎来了两位表现优异的新人，特别值得表扬的是佳航，其上个月的业绩达到220万元。鉴于佳航的出色表现，决定提拔其为公司的副总经理。

会后，公司资深员工李丹向赵总询问：“请问我是否存在迟到、早退或违章乱纪的情况？”赵总回答：“没有。”

李丹接着问道：“那么，是不是公司对我存在偏见？”赵总答道：“当然没有。”

李丹进一步表示不满：“可是为什么资历比我浅的员工都能获得重用？我已在公司工作多年，为什么一直没有得到晋升？”

对此，赵总暂且搁置李丹的问题，并说：“你的情况我们稍后再谈，现在我手上有一件重要事务需要你协助处理：有一家客户即将来公司考察，请你联系客户，确认具体到访时间。”

李丹在联系客户后回复道：“客户表示可能在下周来访。”

赵总追问：“具体是哪一天？”

李丹回答：“这点我未做进一步询问。”

赵总又问：“他们有几位？是乘火车还是乘飞机来？”

李丹只好回应：“这些细节您也未交代我必须询问。”

随后，赵总又安排另一项考察任务给佳航，并将客户的电话号码发给他。

佳航片刻之后反馈情况如下：

客户计划乘坐下周五下午三点的飞机，大约在六点左右到达。

客户团队共计五人，由采购部的王经理带队。

已告知客户，公司将安排专人前往接机。

客户计划在我公司考察两天，具体行程双方见面后再协商。

为了便于工作安排，佳航建议将客户安排在附近的国际酒店，如赵总同意，其将于次日提前预订房间。

此外，佳航提醒，鉴于下周天气预报显示有雨，他将与客户保持密切联系，并在情况发生变化时及时向赵总汇报。

赵总对此表示认可，并指示佳航按照方案办理。

李丹的思维模式：普通员工的成品意识

李丹在与领导沟通时，更多关注自身的公平待遇，而非如何为公司创造更大价值。当领导交代任务联系客户时，她的做法显得机械而被动：

1. 未确认细节：她没有主动询问客户具体的到达日期，导致后续接待安排仓促；

2. 忽视细节服务：没有问清客户的出行方式，未能提前安排合适的接待方案；

3. 缺乏前瞻性：对于可能出现的问题没有预判和应对措施，任务仅停留在“完成”层面，未能创造额外价值。

● 向上管理核心观点

这种“成品意识”固然能够完成任务，但很难在竞争激烈的职场中脱颖而出，因为它缺乏对细节的雕琢与客户体验的极致追求。

佳航的思维模式：职场奇兵的精品意识

与李丹形成鲜明对比的是佳航。他展现了高级的客户思维和主动的工作态度，即便任务下达仅为“联系客户”，他也能迅速扩展工作边界：

1. 主动确认行程：佳航会详细询问客户的航班时间和到达时间，确保信息精确无误；

2. 精心制定接待计划：他不仅安排接机、酒店预订等常规工作，还会提前规划迎接细节，让客户感受到无微不至的关怀；

3. 预防突发情况：考虑到天气等不可控因素，他会提前制定备用方案，确保整个接待过程不因意外而出现纰漏。

● 向上管理核心观点

正是这种“精品意识”，使得佳航不仅完成了任务，更超越了客户的预期，为公司带来了极高的附加值，并最终赢得了晋升机会。

职场提升关键点：成品意识VS精品意识

成品意识

特点：仅仅满足于任务的基本要求，按部就班，追求“完成”而非“卓越”。

结果：工作可能无懈可击，但难以在细节和创新上引起上司的关注，进而限制职业发展。

精品意识

特点：追求极致的工作效果，不仅关注任务本身，更重视过程中的每一个细节与客户体验。

结果：不断超越任务要求，主动为公司创造额外价值，从而赢得上司和团队的认可与信任。

在竞争激烈的职场中，只有从“成品意识”转变为“精品意识”，才能真正打造出与众不同的职场竞争力。

学会超越，走向卓越

本章内容，我们讨论了“成品意识”和“精品意识”之间的区别，也看到了李丹和佳航在相同任务下，因思维模式不同而产生的截然不同的结果。其实，职场中很多人都会遇到类似的困境：我们到底是在“被动完成”，还是“主动创造价值”？如果你希望走得更远，就需要学会将工作从“成品”打磨成“精品”，并且在每一个细节上体现对上司需求的关怀。

只有在工作中不断进行自我觉察，我们才能找到进步的方向，把工作从“成品”升级到“精品”，在组织中赢得更高的认可。

本章总结

1. 客户思维转型：上司即客户

视上司为内部客户，从需求、服务到评价全链条思考，主动创造附加值，赢得认可与信赖。

2. 主动洞察需求：理解上司关注点

分析上司在顺境与逆境下的不同侧重点，及时捕捉其核心难题和战略目标，做到精准对接。

3. 从执行到预见：超越单纯任务

不仅完成交办工作，更通过深度分析预见潜在风险与机会，成为上司的“头号智囊”。

4. 2W1H沟通法则：确保信息一致

明确任务（What）、理解目标（Why）和制定方案（How），在每个阶段都做到信息透明、目标明确。

5. 客户思维九宫格：分层管理与优化

运用九宫格模型，从客户需求、服务实施到评价反馈三个维度，逐级提升工作精细度和客户体验。

6. 成品意识向精品意识跃迁

摒弃仅满足基本要求的心态，追求卓越表现，通过细节打磨和创新服务，超出上司预期。

7. 多维价值输出：任务、决策、情绪并重

构建全方位的价值输出体系，不仅注重结果，更在汇报、方案设计及情绪支持中体现综合实力。

8. 核心业务切入：贴近上司战略需求

无论是支持长期发展，还是短期突破，都要紧扣上司在核心业务中的目标，找准合作切入点。

9. 数据驱动与持续改进

通过量化指标和定期复盘，检验服务效果和项目成果，确保工作成果可视化、可衡量，实现不断优化。

10. 成为上司“解决方案”

将自身打造成既能主动解决问题，又能为上司分担压力的多面手，最终获得上司“疯狂点赞”的充分信任。

第六章

参谋献策：从听话照做到“能参善谋”

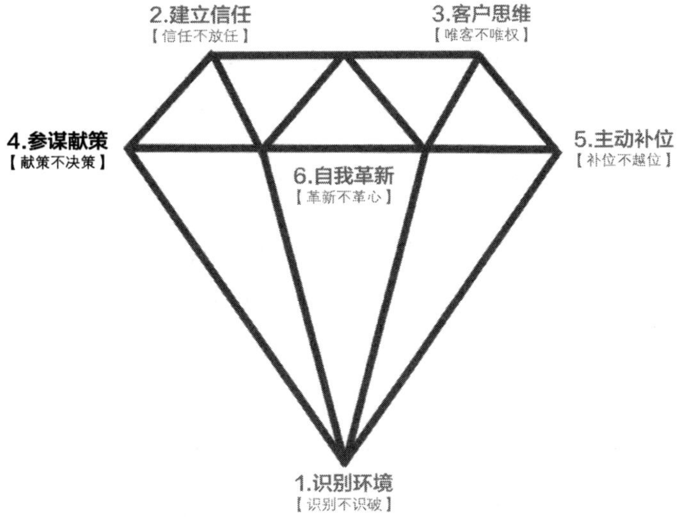

1. 听话照做：职场的“死胡同”

在职场中，你是否曾遇到过这样的情况？上司布置了一项任务，你按部就班地完成了，但最终却并没有得到认可，甚至被批评“缺乏主动思考”？这或许让你感到困惑——明明自己已经“听话照做”，为什么仍然得不到上司的信赖？

其实，这就涉及“参谋献策”的概念。在重要决策面前，领导者需要的不只是执行者，更需要能够提供洞见、帮助判断形势的“参谋”。

可惜的是，在职场中，许多人却习惯了单纯地“听话照做”，缺乏全局观和思考力。清代陈澹然在《寤言》卷二中曾说：“不谋万世者,不足谋一时；不谋全局者,不足谋一域。”意思是，如果只关注眼前局部的任务，而不思考更长远的影响，终究难以成就大局。

本章将围绕如何从“听话照做”转变为“能参善谋”，让你的价值从执行力提升至决策辅助力，真正成为上司眼中**不可或缺的智囊**。

一次董事会议的思考

在许多实际案例中，我们常常发现：当领导面临问题时，挑毛病、找原因的人比比皆是，但能给出具体解决方案，甚至主动承担责任的却寥寥无几。笔者曾在一场董事长主持的全员会议中亲眼见证了这样一幕：

一次会议，董事长问道：“谁能说说公司目前存在什么问题？”

结果，100多个人争相抢话筒，纷纷指出各种问题。

随后，董事长又问："谁能说说背后的原因？"

此时，许多人立马沉默，只有少数人敢于发声。

再问："谁能告诉我解决方案？"

举手回答的不到20人。

最后，董事长问："那么有谁愿意动手试一下？"

结果，真正站出来的只有5个人。

这段笔者的经历生动地印证了一个现实：挑毛病者众，思虑者少，献计者寡，担当者无几。

希望你在反思这段案例时，能意识到：在任何一个职场环境中，解决问题的能力才是真正决定你能否脱颖而出的关键。只有不断提升自己的参谋献策能力，才能在面对挑战时，成为上司眼中不可或缺的合作伙伴。

参谋献策的内涵

参谋献策绝不仅仅是对上司指令的服从和机械执行，而是一种更高层次的管理智慧。要实现由"听话照做"向"能参善谋"的转变，管理者必须具备以下三项核心能力（详见图6-1）。

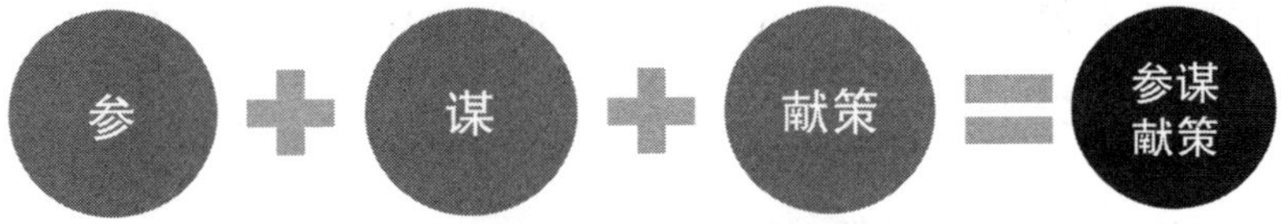

图6-1　参谋献策解析

能参：能够跳出单一执行的角色，进入管理层的思考范畴，全面理解组织的战略目标和发展方向。只有站在全局的高度，才能把握组织发展的脉络和趋势。

善谋：具备善于分析和预判问题的能力。管理者要能够从多角度、多层次对现有现象进行深入思考，不仅发现问题的表面症状，更要洞察其背后潜在的风险与机会，从而为组织规避风险、抢抓机遇奠定基础。

会献策：不仅能提出意见，更能够将构想通过口头或书面的形式转化为具体、可行的解决方案。有效的献策不仅要求创意和战略眼光，更需要严谨的执行路径和实施方案，确保建议能够落地并产生实际效果。

参谋献策不仅是智力的支持，更是一场全程深入的决策艺术。从发现问题的精准勘察，到目标确立的战略定向；从多元方案的头脑风暴，到甄选优解的科学评估；再到实施决策的持续跟进与动态反馈，参谋始终如影随形（详见图6-2）。无论是企业管理、公共治理，还是项目开发，参谋献策贯穿"发现—规划—选择—执行"四大环节，为组织提供坚实的智力支撑与精准的战略导航。

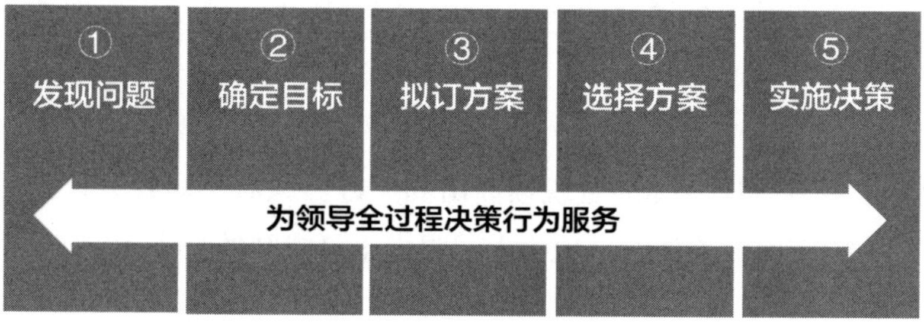

图6-2 参谋献策的价值

正如美国著名企业家杰克·韦尔奇所言："如果所有的想法都来自CEO，CEO告诉每一个人如何做每一件事的话，这样的公司是不可能长久成功的。"这充分说明，组织的各个环节离不开各级管理者的智慧和积极参与。只有鼓励下属参谋献策，激发他们的创新和战略思维，才能形成领导全过程决策行为服务的良性循环，为企业发展注入持久动力。

案例：Allen的参谋献策实践

在这两年市场大环境动荡的背景下，Allen所在的金融机构业绩不断下滑。上个月底，任总经理刚从北京总部调来，担任营销部门的全新领导。上任后，任总迅速开展了全面调研，发现上个季度骨干员工的离职率远超行业平均水平，部门核心人才流失严重，严重影响了部门整体稳定和业务拓展。

面对这一严峻局面，任总决定采取更具前瞻性和战略性的措施，而不仅仅是对现状进行简单调整。他将Allen召到办公室，详细询问问题，并要求Allen在下周三做专题汇报，重点分析离职率异常的根本原因，并提出切实有效的改进方案。

在任总的办公室内，他直言："当前部门的高离职率不仅影响了我们的业务绩效，更威胁到公司的长远战略。我要看到的不仅是问题的表面描述，而是真正深入到根源的分析和有针对性的解决方案。"

面对这一高要求，Allen意识到，这不仅是一项任务，而是一次向上管理的机会。他必须从单纯的任务执行者转变为一个具有全局观和战略洞察力的参谋。

从"听话照做"到"能参善谋"

Allen深知，仅仅依赖过去那种机械执行任务的方式，绝对无法满足任总对部门转型的期待。任总要求的不仅是数据呈现，更希望看到的是一种全局性、前瞻性的战略思考。他要求Allen利用现有数据和市场反馈，找出员工离职的根本原因，并从组织文化、激励机制、流程管理等多维度提出改进措施。

Allen在汇报中展示了从"听话照做"到"能参善谋"的转变，不仅从数据中发现问题，更从组织文化、激励机制等角度提出改进措施。参谋献策不只是机械执行，而是在核心流程中，为领导全过程决策行为服务，来推动问题解决和战略转型。

这正是参谋献策的价值所在：不仅要解决眼前问题，更要通过全局思考和科学流程，将危机转化为战略转型的契机，成为上司眼中不可或缺的战略合作伙伴。

2. 三步走战略：先参，后谋，再献策

有一位客户的案例，给我留下了深刻印象——他在数字转型的关键时刻，从被动执行者蜕变为真正的战略参谋，不仅帮助公司突破困境，更成为上司眼中不可或缺的智囊。下面就让我们一起走进这位高级运营总监李峰的真实实践，看看他是如何通过"先参，后谋，再献策"的三步走战略，精准发现问题、构建多元方案，并在合适的时机将自己的智见传递给上司，从而

实现逆境中的转型升级。

案例：高级运营总监李峰的数字转型突破——“先参，后谋，再献策”的实践

在一家国际金融机构中，由于市场竞争加剧和技术革新的双重压力，公司决定全面推进数字转型。然而，内部运营流程效率低下、销售与技术团队间沟通断层，导致客户体验持续下滑，业绩明显受挫。

刚上任不久，CTO张总对数字转型充满焦虑，他担心公司无法及时适应市场变化。面对这一局面，高级运营总监李峰意识到，仅仅按部就班地完成上级指令，无法解决根本问题，他必须从“参谋献策”上突破，帮助张总看清全局并制定切实可行的转型战略。

在一次紧急高层会议上，张总严肃地指出：“目前我们在数字化改革上步伐缓慢，跨部门协作存在明显短板，导致客户满意度持续下滑，暴露出系统性管理不足。为此，我们必须迅速找出根本问题，并设计出既能立刻改善现状，又能为未来长远发展奠定基础的全面解决方案。”

面对这一挑战，李峰迅速行动，提出“先参，后谋，再献策”的三步走战略。

我们先解释一下什么是三步走战略，再来看看李峰是如何实践的（详见图6–3）。

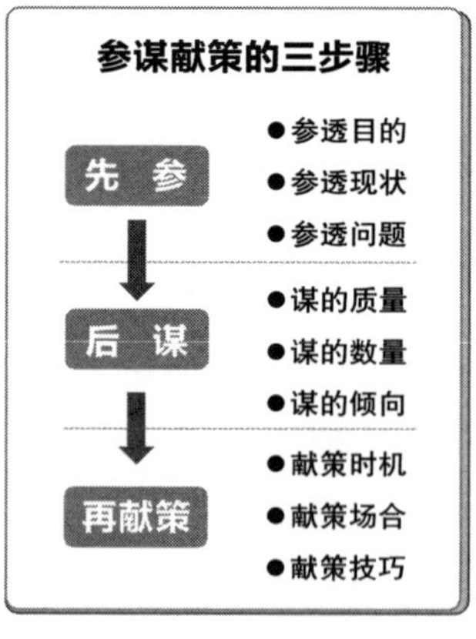

图6–3　参谋献策的价值

第一步：先参——全面参透：目的、现状与问题

1. 参透目的

在献策过程中，首先需要对“目的”有一个全面、透彻的理解。这一阶段不仅仅是为了自我定位，更是为后续策略的落地提供明确方向和依据。

（1）人际方面

①改善与上司关系

目的：明确献策的初衷是为了与上司建立更加良好的沟通和信任，促使上司认可你的专业判断和建议。

②增加上下级信任

目的：献策不仅是向上汇报，更要赢得上司对自己的信赖。

③展示个人能力

目的：通过献策，展现自身在问题洞察、数据分析、策略制定等方面的专业素养，进一步巩固自身在组织中的核心地位。

（2）工作方面

①促进技术的革新

目的：通过参透工作目标和现状，挖掘出技术上的瓶颈和改进空间，从而推动企业技术更新换代。

②降低企业的成本

目的：献策的目标之一是通过优化流程、改进方法来减少企业运营中的不必要支出。

③提高企业的利润

目的：在明确工作目标时，最直接的目的之一就是通过提升效率、改善产品或服务，最终转化为企业的利润增长。

3. 参透现状

详细了解现状是制定策略的基础，5W1H法则提供了一个系统化的框架，确保你对现状的各个方面都有清晰的认识。

（1）What：标准是什么？

现状：明确问题所对应的标准、指标或者预期结果。

应用场景：例如，在质量管理中，确定产品质量的标准，如合格率、缺陷率等。

（2）Who：谁发生了问题？

现状：明确问题涉及的各方主体，包括问题的责任人、团队、部门或者客户。

应用场景：在项目管理中，确定哪些部门或团队因某一问题受到影响，并找出潜在的责任人。

（3）Where：发生问题的地点或环节？

现状：明确问题发生的具体地点或环节，例如，物理场所、业务流程的某个环节等。

应用场景：在供应链管理中，确定问题是出现在物流环节、仓储管理，还是配送过程。

（4）When：发生在何时？

现状：确定问题发生的时间、频次或阶段，从而了解问题的时间规律。

应用场景：在市场波动分析中，明确问题是在某一季度、某一促销活动期间发生。

（5）Why：问题背后的原因是什么？

现状：探讨导致现状与目标间差距的根本原因，不仅看到现象，更追溯到问题产生的本质。

应用场景：在项目延误的案例中，通过“Why”分析可能发现是由于资源配置不合理、沟通不畅或者流程不完善所导致，而非单纯的人员执行不到位。

（6）How：呈现的数据是多少？

现状：用具体的数据或指标来描述问题的严重性或影响范围。

应用场景：例如，财务部门通过对比数据发现某个成本环节的开支超过预期预算，从而确定问题的规模。

4. 参透问题

在明确目的与现状之后，下一步至关重要的环节，是界定问题本身。这一阶段的关键，不在于立即分析差距或寻找对策，而在于看清问题的真貌，厘清其表现与本质之间的关系。

（1）识别问题现象

问题通常以“现象”出现，但现象本身不等于问题。第一步是从纷繁复杂的现状中，准确描述那些与目标不符的具体情形。

（2）厘清问题边界

问题必须被清晰界定，即“问题究竟出现在哪里、在何种情况下出现、涉及哪些人或流程”。只有明确边界，才能避免泛泛而谈或误判对象。

（3）揭示问题本质

问题的本质常常被表象掩盖。我们需要通过提问、追溯、验证等手段，将表面现象背后的真正成因剥离出来。

“界定问题”不是一个简单的判断过程，而是一种逻辑推演能力的体现。若问题本身界定不清，后续所有分析与对策都可能走偏。

第二步：后谋——数据驱动下的方案谋划，构建多元备选

1. 谋的质量：想得远，想得深，想得新

谋的质量决定了你献策的战略高度和效果。优秀的谋略必须同时具备战略前瞻性（想得远）、问题洞察力（想得深），以及创新突破（想得新）。下面笔者通过历史中的两个经典案例来详细解析这一理念。

案例一：宛城追击战

背景：

建安三年（198年），曹操南征张绣后仓皇撤退。张绣初次追击时，贾诩便果断阻止，理由是敌方必留精锐断后且可能遭遇夹击；然而在曹操急速北返许昌应对袁绍威胁之际，贾诩灵机一动，再次建议追击。张绣半信半疑，结果大获全胜，并斩获曹军辎重万计。

谋的质量解析：

（1）想得远：战略级推演

贾诩从一开始就已跳出单场战役的框架，预见了曹军精锐部署及可能出

现的夹击风险，目标在于保全势力；而第二次建议，则是基于对曹操心理和军情动向的精准把握，为后续政治谈判赢得战略筹码。

（2）想得深：剖析军心与局势

他不仅看到了军队状态的变化，更深刻理解“败而不乱”的曹操治军法则，以及弱势群体通过胜利来提升存在感的必要性，确保张绣既能保全实力又不至于激化矛盾。

（3）想得新：逆向博弈与战术创新

打破“败军不可追”的常规认知，贾诩提出“分段追击”战术，利用敌方心态松懈的间隙，实现出其不意的反击，从而将局势逆转。

● 谋的质量核心观点

这场追击战正是贾诩谋略精髓的集中体现——他预判得当，精准掌控战机，并通过逆向思维创新出击，最终让张绣集团将局势逆转。用向上管理的观点来解析：先看全局，后抓细节，再求突破。

案例二：战略投降决策

背景：

建安四年（199年），袁绍派使招降张绣。在袁曹对峙前夕，贾诩当庭撕毁劝降书，提出“三不投袁”的论断，认为袁绍虽强但内部分裂，而曹操正处于急需用人的局面，能为张绣提供更大未来。

谋的质量解析：

1. 想得远：地缘政治与长远布局

他预见到中原争霸的长远局势，认为袁绍“外宽内忌”难以长久，而曹操则有望建立真正的霸业；因此，建议张绣趁机在决战前投诚，既可获得现成的政治资源，又能保留一定的自主权。

2. 想得深：结构性矛盾的透彻剖析

贾诩清晰指出袁绍集团虽声势浩大，但因内部矛盾重重、权力争斗不断，其战略稳定性大打折扣；而曹操则凭借“挟天子”的名义和招揽人才策略，具备整合资源、扶植人才的战略优势。

3. 想得新：风险对冲与双保险机制

创新提出“雪中送炭优于锦上添花”的投诚时机论，通过双保险模式——既保留军权，又利用联姻等手段建立政治纽带，为张绣争取到最大价值，同时降低转型风险。

● 谋的质量核心观点

贾诩在投诚决策中的策略堪称经典：既用深刻的结构性分析抓住根本矛盾，又以长远视野预判未来格局，同时创新构建风险对冲机制。这种战略思考正是优秀向上管理者所必备的素质——在关键时刻敢于直面矛盾，迅速出击，确保自身及团队获得最大利益。

● 谋的质量核心总结

“宛城追击战”和“战略投诚决策”两个经典案例，对“想得远、想得深、想得新”进行重新解析，相信你已经理解了如何在决策中既把握全局，又能深入剖析问题，最后突破传统提出创新建议。下面，笔者再来总结一下：

想得远：要求在制定方案时，要有前瞻性，跳出眼前利益，从长远战略出发。

想得深：要求在解决问题时，不仅看表面现象，更要深入分析内部结构与根本矛盾。

想得新：要求在方法上敢于突破传统，通过创新思维找到出路。

只有同时具备长远战略视角、深刻问题洞察和创新突破能力，才能真正为上司提供有价值的参谋建议，成为决策时不可或缺的“智囊”。

2. 谋的数量：让上司做选择题，而非填空题

在向上管理中，提供多条备选方案至关重要。这不仅展现了你对问题的全面思考，也让上司在决策时拥有更多主动权，避免陷入“全有或全无”的尴尬境地。

（1）多条备选方案的优势

通常建议提供两到三条以上备选方案。单一方案容易让上司陷入“非黑即白”的决策困境，而多方案则类似于“选择题”，既减轻决策压力，也体现出你的深度思考。

例如，在某项目建议中，可以先提出一个总体方向，再细分出三种执行路径：

方案A：侧重稳健保守，风险较低，收益稳定。

方案B：主打突破创新，虽具挑战，但潜在回报高。

方案C：在成本控制与风险管理之间寻找平衡。

这样的方案设计，使上司能够在权衡利弊的基础上，选出最符合当前需求的策略，而不是面对一个没有弹性的单一方案。

（2）经典表达与管理理念

在职场管理中，常见的现象是：

“一把手说一不二”：最高层管理者通常具有决策权，他们的判断直接影响组织方向，因此，在决策过程中，他们更倾向于坚持既定立场，不容置疑。

“二把手说二不一”：次级管理者在执行过程中为最高层领导者提供问题的具体决策选项，供最高层领导者进行决策。

这一管理现象背后，反映了权力与责任的平衡问题。优秀的参谋并非只是被动接受任务，而是要在决策前期就主动提供合理选项，让上司拥有足够的选择空间，而非只给出一个填空式答案。这样做，不仅可以提高决策效率，还能提升自身在组织中的价值。

● 谋的数量核心总结

真正聪明的管理者，会在“一把手说一不二”的决策模式下，让领导在已有选项中选择，而不是强迫他们去创造答案。

3. 谋的倾向：可行性、有效性与经济性

在提供多个方案后，领导通常会询问你的倾向。这时，基于清晰的评估指标进行分析，不仅能展现你的全面考量，还能在决策过程中占据主动权，提升你的影响力。

（1）可行性：从团队能力、资源状况、执行难度等角度评估方案的可操作性。

场景示例：提出一项新技术应用方案时，需明确团队的技术储备是否支持其落地，市场环境是否适配，以及可能遇到的技术或管理挑战。

（2）有效性：衡量方案能否达成预期目标，确保解决问题的深度和广度符合需求。

场景示例：如建议降低成本，需提供具体测算，说明实施后成本下降幅度及其对企业利润的影响，确保方案具备实质性价值。

（3）经济性：从投入与产出比的角度评估方案，确保在经济投入合理的前提下，获得预期回报且风险可控。

场景示例：在建议采用某项技术革新时，详细列出成本预算、预期回报和风险评估，使上司能直观地理解这一方案在经济上的合理性。

● 谋的倾向核心总结

听话照做的下属是千篇一律，能参善谋的下属是万里挑一。曾经有一次，笔者拜访一家外资企业的咨询公司。该公司老板直言："参谋献策是所有高级管理干部的分水岭。"他认为，只有通过系统化的参谋方法，才能明显区分出只会"听话照做"的下属与真正能够提供战略支持的核心人才。

这种经验告诉我们，高质量的参谋能力，正是通过不断学习、总结和突破积累而来的。

参谋献策不仅是一种执行任务的技能，更是一种战略思维的体现。通过对"谋的质量、数量及倾向"进行系统分析，你可以：

展示全局视野：用多条备选方案为上司提供全面的选择，让决策更科学。

树立科学标准：以可行性、有效性和经济性为评价指标，确保建议经得起推敲。

不断自我提升：通过"点线面思考法"、向标杆学习和借鉴专业咨询智慧，不断完善自身的参谋能力。

只有具备这种多维度思考和综合评估能力，才能真正成为上司信赖的参谋，避免陷入仅仅"听话照做"的局面，在职场中脱颖而出，成为万里挑一的优秀管理干部。

第三步：再献策——时机、场合与技巧

在汇报过程中，如何再次提出建议、发挥参谋作用，是提升上司信任与

决策质量的重要环节。这一环节不仅考验你的洞察力和应变能力，更要求你在合适的时机、适宜的场合，以恰当的技巧表达方案，从而达到最佳效果。下面从献策时机、场合和技巧三个方面展开说明，并通过两个经典案例加以印证。

1. 献策时机

提出方案并非越快越好，而是要选择一个合适的时机，使方案能得到最佳接受效果：

（1）好时机：当上司心情愉悦、精力充沛、时间充裕时，此时提出建议更易获得正面回应。例如，在轻松的酒宴或非紧急会议前后的闲暇时刻，若上司心情大好，正是表达自己看法的良机。

（2）坏时机：当上司情绪低落、正忙于处理紧急公文或突发事件时，不宜贸然献策。例如，公开场合或重大会议中，上司往往难以充分听取并消化新方案。

2. 献策场合

（1）公开场合：适用于日常事务讨论或非紧急、非保密性问题。公开讨论有助于集思广益，但同时也存在被外界过多关注的风险。

（2）私下场合：对于涉及其他利益相关方或上司希望保密的战略建议，选择私下汇报更为稳妥。私下沟通有利于深入交流与确保信息不外泄，从而避免不必要的政治风险。

3. 献策技巧

献策技巧可视作请示汇报的艺术，其核心构成包括：

（1）清晰描述问题：用简洁明了的语言，结合数据描述问题现状，确保上司能迅速把握重点。

（2）提供两种以上备选方案：通过对比分析，展示每个方案的优势、劣势、成本与风险，让上司看得清楚明白。

（3）进行可比性分析：利用图表或数据模型对比方案的效益，使选择过程更加理性化。

（4）表达个人建议：在充分分析后，明确指出你倾向于哪一方案，并阐述理由。

（5）请示上司意见：给上司留出决策空间，邀请他提出补充意见或最终选择，这样既体现你的专业，又能加强双向沟通。

这套“问题+多方案+可比性+个人倾向+再问上司选择”的汇报公式，被誉为万能的汇报公式，既能展现参谋的深刻洞察，也为决策提供坚实依据。

● 向上管理核心总结

献策不仅是汇报工作的延伸，更是展示参谋智慧和战略眼光的重要时刻。通过对时机、场合和技巧的综合把握——从公开场合中可能引发的风险到私下环境中谋划的安全保障，我们可以借鉴历史上的成功与失败案例，形成一套科学、稳妥的汇报方法。正如历史所验证：在合适的时机和场合，以明确问题、提供多方案、表达个人倾向和征询上司意见的方式进行献策，才能确保建议既具备深度，又能有效化解风险，从而在复杂多变的职场环境中脱颖而出。

3. 五项素质：参谋献策的必备技能

在向上管理课程之前，笔者的学员孙总监总觉得自己只是按部就班地完成任务，职场中的每一步都仿佛被动接受安排，缺乏主动提出战略性建议的自信。那时，他往往在公司会议上沉默不语，难以为上司提供切实可行的建议，只能眼看机会从指缝中溜走。

然而，孙总监在学到“参谋献策五项素质”时，开始反思自己的不足。他认真梳理了自己的知识结构，开始涉猎跨领域知识，不再局限于专业范围；他积极培养创新能力，常问自己“还有没有更好的方法？”他学习如何运用模型思维，将复杂问题拆解成清晰的逻辑模块；他不断锤炼表达能力，通过数据和事实让自己的观点更具说服力；更重要的是，他学会了在变化中保持冷静，提升了应变能力。

经过一段时间的自我精进和实践，孙总监的职场处境发生了翻天覆地的变化。那位曾经被动听从安排的中层管理者，如今已成为上司身边不可或缺的智囊。他不仅能在关键时刻提出前瞻性、战略性的建议，还能在团队中迅速推动决策，赢得了上司的高度信赖和同事的赞誉。孙总监的蜕变，正是参谋献策五项素质带来的实质性改变，证明了只要不断学习、反思与实践，每个人都能在职场中遇见更好的自己，从被动变为主动，成为上司眼中无所不能的战略伙伴。

图6-4的模型是笔者为读者提供的一个补充，也是个人持续做好参谋献策要不断精进的五项素质：

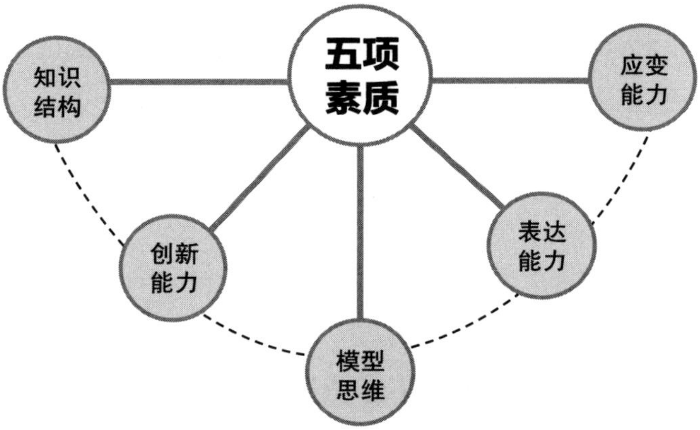

图6-4　参谋献策的五项素质

1. 知识结构：构建认知基石

（1）深耕专业知识：熟悉行业规律和核心技能（如财务分析、市场调研），并紧跟行业动态，确保数据支持与事实依据充足。

（2）拓展辅助知识：跨学科学习、与其他部门互动，从数据分析到项目管理，形成多角度视角。

（3）涉猎边缘领域：关注科技、心理学、经济等新兴趋势，打破专业局限，为决策提供创新见解。

2. 创新能力：多角度看问题

（1）多视角思考：打破传统模式，敢于提出不同方案。

（2）理论与实践结合：在借鉴跨界经验的同时，确保方案具有实际落地性。

（3）前瞻与稳健平衡：既要敢于突破，也需评估风险，做到大胆尝试与稳妥执行并重。

3. 模型思维：结构化分析与解决问题

Why–How–What框架：

Why：明确战略目标和根本动因，如提升市场份额或优化体验。

How：制定切实可行的执行策略，细化步骤、资源与风险应对措施。

What：设定预期成果和量化指标，确保建议落地后可评估成效。

4. 表达能力：让好主意更具说服力

（1）数据和事实为支撑：用确凿的数据和实际案例增强建议的可信度。

（2）结构化讲述：通过背景、问题、方案、成果四步法，层层递进地传达核心思想。

（3）根据对象调整表述：灵活运用专业术语和通俗语言，适应上司不同的关注点和知识背景。

5. 应变能力：变化中保持冷静决策

（1）动态监控：持续关注外部市场、政策变化，以及内部执行情况，及时修正方向。

（2）预案先行：提前制定应急措施，降低突发风险，确保调整及时有效。

（3）果断决策：在压力下保持冷静，通过合理的资源配置和跨部门协同迅速做出调整。

参谋献策能力的精进

参谋献策并非神秘技艺，而是基于扎实知识、不断创新、结构化分析、清晰表达和敏捷应变的综合能力。只有不断融合并优化这些核心素质，参谋才能在复杂多变的环境中准确把握机遇，为上司提供有力的决策支持，同时助力组织在变革中稳步前行。

案例与实战：用数据与洞察赢得认可

案例背景

李阳，现任公司市场部中层经理，入职已有三年时间。作为部门的重要骨干，他一直以扎实的专业能力和敏锐的市场洞察著称。

这一次，李阳首次全面负责主持一项公司重磅线上营销创意设计项目，项目旨在通过品牌推广和流量转化来提升市场占有率和用户黏性。为期一个月的项目涉及跨部门协作，涵盖了文案创意、视觉设计，以及数字化营销策略等多个环节，其成果不仅关乎营销部门的绩效考核，更直接影响公司在行业内的竞争力。

项目启动以来，李阳带领一个由3名核心成员组成的小团队：

小周：负责文案创意与内容撰写，擅长捕捉品牌调性。

小刘：主攻视觉设计与图文整合，拥有丰富的设计经验。

李阳本人：负责整体项目策划、资源协调以及跨部门沟通。

在项目执行过程中，团队完成了20篇品牌提升文案、策划了一次线上互动活动，并初步搭建了数据监控平台，用以追踪网站访问量、粉丝增长和用户参与情况。为了这次汇报，李阳熬了几个通宵，整理了大量项目进展材料和团队汇报PPT，自认为对内容已准备得十分充分。

公司总部新上任的市场总监对数据指标极为看重，这位总监以往的工作风格一向强调“用数据说话”，并且注重结果和效益。李阳本以为只要详细介绍团队分工和执行过程，便能赢得领导的认可，然而事实却截然相反。

汇报现场

在总部会议室内，李阳自信地开始了汇报。开场部分，他按照预设的逻辑依次介绍了团队构成、各成员分工，以及项目执行的主要环节：

“我们项目组由3位成员组成，小周主要负责文字创意，小刘专注于图文设计，而我则负责整体方案的制订和跨部门协调。”

“目前我们已完成了20篇品牌提升文案，并成功策划了一次线上活动……”

就在李阳详细描述执行流程时，新任市场总监突然打断了他的叙述，直接询问：“现在每天的访问量是多少？粉丝数是多少？每月涨粉的具体情况如何？目前主要面临的市场问题有哪些？”

李阳这时显得手足无措，因为他在准备材料时主要关注了项目的创意和执行流程，而对关键运营数据和效果分析却没有做充分收集和整理。由于缺乏翔实的数据支撑，他无法立刻给出明确的答复。会议进行不到5分钟，总监便表现出明显的不耐烦，不断催促：“讲重点，讲重点！”整个汇报过程陷入尴尬局面，后续内容也未能得到领导的关注和认可。

问题分析

李阳的汇报失误主要暴露了以下几个问题，从向上管理的角度来看，这些都是需要改进的关键点：

1. 数据支撑不足，忽略关键指标

汇报中没有提供每日访问量、粉丝增长率、转化率等核心数据，导致汇报缺乏说服力。

结果导向不明确，未能用量化指标展示项目成果。

2. 内容结构不够清晰

过分关注团队分工和过程细节，忽略了对项目实际成果和数据的重点说明。

缺乏“结论先行”的倒金字塔结构，导致领导在短时间内难以抓住汇报重点。

3. 预判需求不足，准备不够全面

在汇报前没有深入了解新总监的关注重点，忽视了他对数据和效果的高要求。

没有预先收集和整理关键数据，面对提问显得措手不及。

4. 应变能力欠缺

面对总监的突发问题，李阳未能及时调整汇报节奏和内容，导致现场气氛尴尬，进一步影响整体汇报效果。

● 向上管理核心观点

1. 数据驱动：用核心成果打动上司

正确做法：

汇报开场3分钟内，直接用数据呈现项目成果，例如：“经过一个月的努力，我们网站的日均访问量达到了X次，粉丝数量突破了Y人，月增长率稳定在Z%以上。”

利用图表、趋势图和对比分析，使数据直观清晰。

小技巧：

事前制作“关键指标卡片”，记录项目最重要的运营数据，确保在汇报过程中能够随时调出并引用。

建立“数据备忘录”，预估领导可能关注的指标和变化趋势，并准备标准答案。

2. 结构化表达：构建清晰汇报框架

采用“背景—成果—问题—下一步计划”的汇报结构：

背景：简要介绍项目目标和团队构成（30秒内）；

成果：用3-5个核心数据（如访问量、粉丝数、转化率）快速展示项目成果；

问题：简要列出当前存在的主要问题及数据支撑的风险点；

下一步计划：明确接下来的优化方案和预期目标。

小技巧：

利用“倒金字塔”原则，先总结结论，再展开细节，确保领导在有限时间内获取最关键信息。

汇报前进行模拟演练，确保每一部分都能够在规定时间内讲清楚。

3. 预判需求：针对上司关注点做足准备

在汇报前，通过与领导助理或其他部门沟通，了解新总监的关注重点（如数据指标、市场趋势）。根据领导风格调整汇报侧重点，提前准备好关键数据和案例。

小技巧：

制作一份“汇报摘要”并提前发送给领导，突出核心数据和项目亮点。

针对可能的问题准备标准答案，并进行情景演练，提高现场应变能力。

4. 应变能力：灵活调整现场策略

当面对突发问题时，迅速切换到数据汇报和重点结论，避免长篇大论讲述细节。

如果遇到数据不全的情况，诚实回应并承诺后续补充，同时简要说明初步估算范围。

小技巧：

在汇报PPT中预留“应急数据页”，包含详细数据和分析内容，以备不时之需。

使用缓冲语言，如“这部分数据正在进一步核实，我这里先给出一个初步数据……”以赢得更多思考和整理的时间。

● 向上管理观点核心总结

李阳的这次汇报失误，暴露了作为中层管理者在向上管理过程中常见的几个问题：数据支撑不足、结构不清晰、预判不充分，以及应变能力欠缺。**用数据说话、结构化表达、预判需求与灵活应变**是赢得上司认可的关键。只有将这些原则内化为日常工作的习惯，才能在面对激烈的市场竞争和复杂的内部环境时，真正做到从容应对，为公司决策层提供具有说服力和前瞻性的建议，成为不可或缺的智囊核心。

本章总结

1. 突破听话照做的桎梏

摒弃单纯执行，转而追求全局思考，避免陷入局部问题解决的死胡同，从而实现战略视角的提升。

2. 全面参透：先参后谋再献策

以“先参”打基础，透彻理解组织现状与问题根源，为后续制定多元方案提供数据与现场反馈支持。

3. 目标明确与量化标准

设定具体、可量化的改进目标，既确保应急措施的及时落地，也为长远战略提供明确方向。

4. 方案拟订的双轨并行

同时制定短期应急与长期机制方案，通过风险、成本和效益的多维比较，为决策提供充足依据。

5. 科学决策与多维评估

构建量化模型和跨部门协同机制，利用数据与直觉相结合的评估方法，确保所选方案最优且可行。

6. 执行落地与闭环管理

从详细执行计划、责任分工到实时监控反馈，每个环节都形成闭环，确保战略方案在实际操作中不走样。

7. 参谋献策的核心能力升级

从单纯执行者蜕变为智囊，通过知识结构、创新与模型思维不断充实自身，为上司提供前瞻性和多角度的建议。

8. 表达与沟通的战略性应用

运用结构化、层次分明的表达方式，结合数据和图表展示关键成果，使复杂建议简单明了、易于采纳。

9. 应变能力：快速响应与调整策略

在面对突发变化时，保持冷静，通过预案与灵活调整确保问题不致扩大，为上司提供稳健支持。

10. 从问题发现到解决方案落地的系统工程

以5W2H法则为工具，从发现问题、确定目标、拟订备选方案到选择实施，每一步都必须严谨、数据驱动，形成一套高效、可持续的参谋献策闭环。

第七章

主动补位：
成为上司的“最佳拍档”

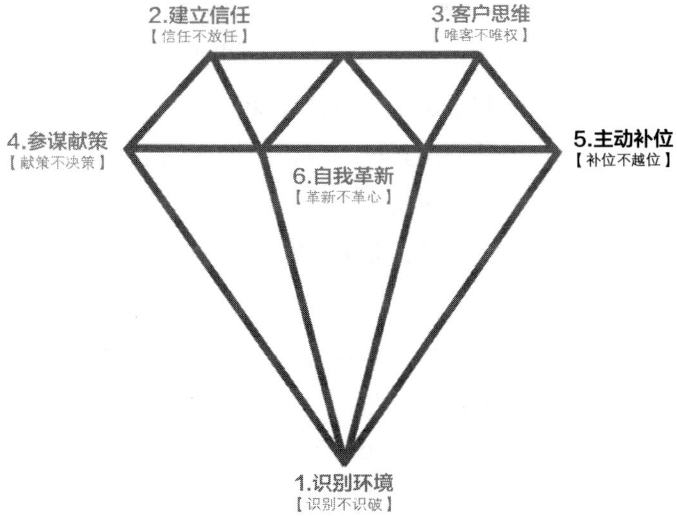

1. 主动补位的迷思：在其位VS谋其政

“主动补位”这一概念，最早源自足球场上的战术术语——当队友暂时离位或职责出现空缺时，其他球员便会迅速进入空当，确保团队整体运转顺畅。这种配合不仅考验每位队员的技术与默契，更体现出团队协作的智慧与责任感。

运用到职场上，这一理念同样适用，但是笔者始终强调，真正的主动补位在于在不越界的前提下，主动发现团队薄弱环节，为上司和组织弥补短板，从而发挥更大的协同效应，成为上司信赖的“最佳拍档”。

主动补位的定义与核心观点

主动补位指的是在组织或团队中，当上司在某些角色或职责上出现不足、偏差，甚至失误时，部下能主动发现问题、及时介入并加以弥补，以确保团队和组织整体目标不受影响。

主动补位其核心可以归纳为以下两个原则：

1. 分工不分家

每个团队成员都有明确的岗位职责，但在组织中，每个人都是不可或缺的一部分。当一个环节出现疏漏时，其他人可以主动协同补位，但绝不意味着要抹杀彼此的职责边界。这种做法能促进协同合作、提高团队整体效能。

2. 补位不越位

“在其位，谋其政”是儒家经典中的箴言，强调每个人应做好自己分内的工作。主动补位的智慧在于抓住时机、补足短板，但必须谨慎把握边界，切忌因一时热心而触碰不该越过的权限，避免引发权责混淆和组织内的矛盾。

主动补位的迷思："在其位"与"不在其位"的困惑

区分"在其位"与"不在其位"、"谋其政"与"不谋其政"四种情况，需要具体问题具体分析，笔者有如下的建议，供大家参考：

在其位，谋其政：处于特定管理岗位上的员工，本职工作清晰明确，这是企业赋予的直接职责。"谋其政"体现的是责任心与敬业精神，积极完成本岗位应尽职责，推动业务发展，是职业道德与企业期望的基本体现。

在其位，不谋其政：管理者若身处岗位却未能承担起相应职责，即是渎职与失职表现。这种情况下，管理者往往造成团队效率下降，产生责任真空，甚至破坏组织的运作秩序。

不在其位，谋其政：这一点须谨慎处理，可细分为两种情况：

1. 合理谋其政是可取的：当发现其他部门或上级部门出现空缺或问题时，以组织整体利益为出发点，积极、恰当地主动提供支持，保证信息流畅、执行高效。这种行为体现了较高的团队意识和大局观。

2. 不合理谋其政是需要警惕的：不合理意味着超出自身权限，未经沟通即主动干预其他部门或上级的事务。这不仅可能造成权责混乱，更可能引起误解与内部冲突，损害组织和谐与高效。

不在其位，不谋其政：尊重组织内各岗位分工清晰的边界，不擅自越界干预他人职能。这体现了明确的角色认知和良好的自我管理能力，避免不必要的纷争与误解，维护组织管理的稳定性。

案例：产品经理的补位启示

姚总在某五百强企业中负责一个产品部门，团队刚刚完成了一个新产品发布，大家都付出了巨大努力，项目效果也十分理想。由于姚总平时对工作要求较高，未能及时给予团队正面的表扬和鼓励。

产品经理的做法：

团队中的一位产品经理主动给姚总发了一封长邮件，信的开头写道：

“姚总，这次项目完成得不错，大家也很辛苦，我想鼓励一下会更好。可能您太忙没顾上，我就帮您写了一封邮件，您要觉得合适，简单改改就可以直接发给大家，给大家打打气儿。”

关键所在：这句话明确体现了主动补位的边界意识。产品经理既识别到了上级需要反馈激励，也知道自己并非拥有直接发布表扬的权限，因此选择以建议和支持的方式呈现，而不是擅自发布表扬。

主动补位启示

边界清晰：下属主动补位的行为，通过“帮忙写邮件”的方式，为上级提供了激励团队的文案，但始终没有越过自己的职责范围，避免了夺位干预。

上下级关系的微妙平衡：这种做法不仅帮助上级节省时间，还显示出对姚总权威的尊重，从而促使姚总更为重视团队建设和激励机制。

补位注意点：在补位过程中，既要发挥自己的主动性，也要清楚地认识到上下级之间的分工界限，做到“补位不越位”，进而实现整个团队效能的提升。

本节主动补位核心观点

1. 分工明确，协同互补

每位团队成员都有明确的职责，但在团队协作中，主动补位能够填补因资源或时间限制导致的空缺，从而保证整体工作流畅。

2. 主动担当与越位风险并存

在自己的职责范围内主动承担责任，积极沟通和协调，能够增强团队凝聚力；而跨界介入则必须慎重，确保始终保持支持而非主导的角色。

3. 建立反馈与沟通机制

组织应鼓励下属提出建议和辅助支持，但同时建立正式的沟通渠道，确保每一项补位行为都得到上级认可与适时调整，防止因信息不对称导致误解或权责混淆。

通过以上案例和分析，我们看到向上管理不仅仅是上级指挥下属，更是一种双向沟通和相互支持的艺术。主动补位若能在“分工不分家”的基础上做到“补位不越位”，将为组织创造出更高的整体效能和更健康的管理生态。

成为上司最佳拍档

从向上管理的角度来看，补位是一种积极主动、对团队高度负责的行为，但前提必须是分工明确、职责清晰。只有在各司其职的前提下，才能真正做到“分工不分家，补位不越位”。掌握这一原则，不仅能为上司提供坚实的支持，更能赢得团队的尊重和信赖，最终让你成为上司的最佳拍档。

2. 主动补位两个基本点：职场高手必修课

笔者认为补位首先需要为自己设定明确的职责边界，同时也为上司预留出其应有的决策空间。只有在这两个定位坐标之间找到平衡，才能根据具体情况因地制宜地进行有效补位。

补位意识：替上司“补”出盲点

在职场中，上司也存在“盲区”，他们可能忙于高层决策，而忽略了一些细节或基层动态。主动补位，就是要站在上司的立场考虑问题，从自己的职责出发，及时捕捉这些盲点，为团队和上司提供必要支持。

下面笔者从几个关键点为大家梳理出补位意识的角度，这其中包括**大局观、主动性和责任心**三个维度，这也是一位优秀下属应具备的核心素质。

1. 大局观：站在上司的立场看问题

当你发现上司忽略了某个细节时，可能是因为他们正忙于更高层次的决策。此时，你需要站在上司的角度去理解整个项目的全局，思考如何弥补这些细节上的不足。

大局观要求你不仅关注部门或个人任务，更要了解整体战略与目标，从而在补位时兼顾全局利益与具体问题。

案例：市场总监优化新品推广策略

李总是某企业的市场总监，公司即将推出一款新产品，总经理已经制订了总体市场战略，并要求市场部迅速跟进执行。然而，李总在研究策略细节时发现，公司现有的推广渠道在这一细分市场的渗透率较低，按照原定方案执行，可能会影响新品销量目标。

李总并没有机械执行总经理的指令，而是站在公司整体战略的角度，分析市场数据，调整推广渠道。他主动联系销售、产品和运营部门，重新制订了一套更精准的推广方案，并在例会上向总经理汇报调整思路。最终，新方案不仅避免了潜在的市场风险，还让新品首月销量超出预期30%。

案例启示：管理者不能只关注自己的部门职责，而要站在更高的层面理解业务，补位的关键在于能否在执行上级指令的同时，主动优化策略，确保目标的最佳实现。

2. 主动性：从态度到行动

正如那句“想不想是态度问题，你做不做是结果问题”，主动补位首先体现在积极主动的态度上。有了主动性，你会时刻关注团队动态和潜在风险。

主动性不仅仅是有想法，更关键的是将这些想法转化为切实行动。只有把“主动补位”的意识落实到具体工作中，才能真正防止小问题演变成大危机。

案例：生产副总监快速应对供应链突发状况

任总是某制造企业的生产副总监，公司的一条核心生产线即将投入大批量生产。然而，任总在巡查时发现，关键供应商因原材料短缺，可能无法按时交付核心零部件。这一问题如果不及时解决，将导致整条生产线停滞，造成重大损失。而此时，运营副总裁正在国外出差，无法立即介入处理。

任总没有等上级回来再请示，而是立即召集采购、供应链和财务部门召开紧急会议，研究替代方案。他迅速筛选出几家备用供应商，并亲自带队谈判，最终在不增加额外成本的情况下，成功确保了生产材料按时供应。汇报结果时，运营副总裁高度认可了任总的决策能力，并在公司例会上对他的主动补位意识表示赞赏。

案例启示：管理者的主动性不仅仅是发现问题，更关键的是快速响应和高效执行。当上级无法及时处理问题时，管理者的补位意识决定了整个团队的运行效率。

3. 责任心：你要把我当回事，你的事就是我的事

内在驱动力：责任心是主动补位的基础。如果你对自己的工作和上司的事务都缺乏足够重视，那么当问题出现时，你很难担负起责任。

全员视角：只有当下属把上司的事务也视作己任，才能及时捕捉并弥补潜在的盲点，确保整个团队不因疏忽而受损。

案例：财务总监严控重大投资风险

张总是某科技公司的财务总监，公司计划对外投资一家初创企业，并已进入最终审批阶段。CEO对这次投资高度关注，并已基本确定合作方案。然而，张总在审核财务数据时发现，该初创企业的盈利预估过于乐观，且现金流状况存在潜在风险。如果贸然投资，公司可能面临资金回报周期过长的挑战。

张总没有因为CEO已经基本定调而选择顺从，而是基于财务的专业判断，向CEO提出了更严谨的评估报告，并建议调整投资条款，增加退出机制，以降低潜在风险。CEO在听取张总的分析后，决定重新谈判，并最终通过调整条款，将投资回报周期缩短了6个月，避免了可能的资金损失。

案例启示：责任心不仅仅是对自己的本职工作负责，更意味着对整个公司的长远利益负责。管理者的补位意识体现在关键决策时敢于直言，并能以专业能力影响决策，确保团队做出最优选择。

在一次企业调研中，我们与某高管进行了深入访谈。这位高管谈及的内容，也印证了笔者的观点。这位高管说道，多年来他在带领下属时最为认可的，是那些既有责任心，又具备主动性和大局观的员工。他特别强调："你要把我当回事，你的事就是我的事；要是你不把我当回事，那你的事又跟我有什么关系？"

这句话深刻揭示了主动补位的核心：责任心是基础，主动性是前提，而大局观则是升华。只有站在上司的角度思考问题，同时从自己的职责范围出发，才能真正做到补位到位，而不是仅仅停留在表面或越位干预。

下面，我们再看一个阿里巴巴的真实案例，加深大家的理解。

案例：彭蕾"救火"支付宝：职场补位的典范

2010年，支付宝因用户体验问题陷入危机，马云当场罢免总裁邵晓锋，改由毫无支付经验的彭蕾接任CEO。面对挑战，她迅速补位，展现了责任心、主动性和大局观。

责任心：面对支付领域的空白经验，她仍全力承担责任，亲自测试产品，推动优化方案。

主动性：不等指令，果断推动支付宝从淘宝剥离，引入技术人才，调整组织架构。

大局观：用"用户思维"取代纯技术逻辑，力推"快捷支付"，解决核心支付难题。

没几年时间，当支付宝用户增长至8亿，成为全球较大的移动支付平台。彭蕾以补位思维填补管理盲点，并践行了她的理念："无论马云的决定是什么，我的任务都只有一个：帮助这个决定成为最正确的决定。"

补位路径：如何落实主动补位

主动补位不仅需要强烈的意识，还需要清晰的路径。下面我们通过另外一个阿里巴巴的经典案例来阐述补位路径的识别和实践。

案例：张勇接棒阿里，如何精准补位

在阿里巴巴的发展历程中，张勇（化名"逍遥子"）的崛起可谓是精准补位的典范。他从CFO（首席财务官）到COO（首席运营官），再到CEO，最终接任董事长，每一步都精准填补了组织的关键空缺，展现了补位路径的实践。

1. 团队协作：阿里电商生态复杂，各业务条线各自为战，张勇上任后，系统性升级中台战略，让各业务部门资源共享，形成高效协同的作战体系。

2. 专业能力：作为财务出身的高管，他并非技术专家，但他深挖数据驱动运营的优势，主导打造“双11购物节”并推动其成为全球最大购物节，以创新的市场策略推动阿里成为全球领先的电商平台。

3. 沟通桥梁：在组织变革中，张勇担任沟通桥梁，让技术、运营、市场团队的协作更加顺畅，提升了信息传递的精准度。

4. 决策支持：阿里云业务起步时，马云虽有远见，但团队对盈利模式存疑。张勇通过详细的数据分析与战略研讨，在担任COO、CEO期间持续支持阿里云投入。

5. 细节执行：在阿里从PC端向移动端转型的关键时期，张勇主导推进移动支付、无线电商的优化，确保技术与产品落地，实现流畅的用户体验。

6. 业绩调整：阿里面对国际化挑战时，张勇迅速调整策略，优化全球业务结构，使阿里海外业务迅速增长。

7. 创新与保守平衡：他在确保阿里主业务稳健增长的同时，大胆布局盒马鲜生等创新领域，兼顾风险控制与业务突破。

8. 管理风格优化：马云的个人风格极具魅力，但更偏向愿景驱动，而张勇则更加务实，注重执行细节。他在2015年接任CEO后，以数据和系统管理为核心，使阿里的管理体系更趋成熟和精细化。

最终，张勇成功接棒马云，带领阿里进入了新的发展阶段。他的经历印证了：“主动补位是一门‘隐形的艺术’，上司的不足恰恰是你展现价值的机会。”

实战思考：如何做到及时补位

1. 情境模拟训练：平时可以通过模拟场景来练习如何在上司忽略关键细

节时，及时站出来补位；

2. 自我反思与总结：每次主动补位后，及时反思自己的做法，总结经验教训，不断完善自己的行动方案；

3. 建立信任关系：与上司之间建立起信任感，让他们相信你的判断和行动，这样在未来遇到突发情况时，他们会更依赖你的主动补位。

● 向上管理核心观点

主动补位是一门“隐形的艺术”，它要求你具备敏锐的观察力、积极的态度，以及扎实的能力储备。只有将“补位意识”和“补位路径”内化为你的工作习惯，你才能在职场中脱颖而出，成为真正的职场高手。记住，上司的不足恰恰是你展示自己价值的绝佳机会，把握住每一个补位时机，你的职场之路将越走越宽。

3. 主动补位一个中心：高水平补位的关键点

在职场上，“补位”不仅仅是完成本职工作那么简单，而是一种主动为上司“解围”“弥补不足”的高阶能力。高水平的补位要求你在上司遇到短板或盲点时，及时介入，但绝不逾越上司的权限，让上司觉得你的介入是为团队加分，而非添乱。那么，如何做到“补到位”，既不越位，又能有效帮上司？下面笔者从场景化的角度，通过对比正确与错误的做法，来阐述补位的核心关键点。

一个中心：补到位

真正的高水平补位，首先要明确一个中心：补到位。在上司缺席或遇到困境时，主动填补空白，确保工作顺畅运转；补位不要求在每个环节都抢着上前，而是要在最关键的时刻介入，提供支持。做到“补到位”需要具备三个基本条件：

1. 精准把握上司需求

站在上司的角度思考问题，了解上司的工作习惯和思维模式，这样才能在关键时刻补上那块空缺。这部分笔者在客户思维章节已做了说明，在这里就不再赘述了。

2. 把“你的事”与“上司的事”紧密关联

要让上司感受到你对团队整体事务的关注和责任感。正如上一节提到的内容：“你要把我当回事，你的事就是我的事。”只有在这种高度契合的工作态度下，补位才能发挥最大的效用。

3. 及时反馈、快速响应

补位不仅是一个主动行为，更是一种敏捷反应。及时汇报和快速响应不仅能避免问题扩大，更能在上司需要时提供可靠的信息和建议。

能补位 VS 不越位 —— 补位需要拿捏艺术

补位并不是越权插手上司的工作，而是在上司尚未察觉或因忙碌而疏漏的地方及时介入。能补位与不越位之间的界限就在于方法和时机的掌控。

错误示例：

有些员工看到上司没注意某个问题，就直接对外发言或承诺某项措施，结果因信息不准确或权限不足，导致整个局面陷入更大混乱。这样的“越位”，不仅损害了上司的威信，也可能给自己埋下隐患。

正确示例：

假设在会议中客户提出了一个问题，上司因临时脱身未能及时回应。此时，优秀的补位者不会贸然做出承诺，而是先向上司确认：“科长，我刚听到客户提到关于产品细节的问题，是否需要我先行了解情况，再给出具体答复？”这种做法既表现出你的主动性，又不越过上司的决策权限，让上司感觉你是在协助，而非抢风头。

补位关键点：既要主动出击，又要确保每一步都在上司授权范围内。

案例：高水平补位的艺术

在某知名科技企业，市场部正全力筹备一场重要的产品发布会。在行业高峰论坛期间，公司核心客户——海辰集团的采购总监提前到访，希望就产品定制与合作细节进行深入交流。但此时，市场总监李然因外出公干，暂时无法赶回总部。面对这一突发状况，部门经理李倩意识到，若不能及时妥善处理，可能会导致客户流失、信息滞后，甚至影响公司的战略布局。

基本点一：精准把握上司需求

作为管理者，李倩深知上司李然一向注重战略的一致性与专业的执行力。她首先回忆起李然之前对客户沟通的基本思路和底线要求，并迅速做出判断：

1. 理解战略方向：李倩记得李总强调过，“在所有客户沟通中，我们必须确保每个信息都经过严格审核，避免做出超出授权范围的承诺。”

2. 准确预判客户需求：通过分析过往数据和客户历史反馈，她预判海辰集团最关心的是产品定制化服务的细节，以及后续支持方案是否完善。

在这一点上，李倩迅速拨通李然的电话，进行简短确认：“李总，海辰集团采购总监已提前到访，他们主要询问关于产品定制服务的细节，我可以先行收集具体需求吗？”

李然回复确认，让她在现场收集信息，确保所有行动均符合上司的预期与战略方向。

基本点二：及时反馈与快速响应

接到上司指示后，李倩立即投入现场沟通工作。她分两步展开行动：

1. 现场交流与信息收集

（1）主动沟通：李倩组织临时会议，邀请海辰集团的采购总监详细阐述他们的需求与疑虑。她耐心聆听，并用开放式问题引导客户进一步说明具体要求。

（2）记录关键信息：在交流过程中，李倩详细记录下客户关注的核心点、存在的问题和期待的解决方案，并对客户对上次合作中产品改进的反馈进行补充记录。

（3）保持中立与专业：面对客户提问，她强调：“这是我们一直在关注的问题，我会将具体需求及时反馈给李总，便于我们后续制定更符合贵公司需求的方案。”这样既展示了专业态度，也避免了做出超出权限的承诺。

2. 快速汇报与后续跟进

（1）现场快速反馈：在与客户沟通结束后，李倩迅速整理了初步会议纪要，通过内部即时通信工具将核心信息发给上司李然，让他及时掌握现场情况。

（2）汇总并跟进：上司李然回归后，李倩当场详细汇报了客户需求和讨论要点，并提供了她的初步应对方案和建议。

（3）确保决策连贯性：这一过程中，李倩始终保证反馈及时、响应迅速，确保上司在后续正式会谈时能够迅速掌握全部信息，并做出精准决策。

补位成果

凭借对上司需求的精准把握与高效反馈，李倩成功稳住了海辰集团客户。客户不仅对公司的专业应对表示赞赏，而且在后续谈判中，凭借李倩整理出的详细需求，市场总监李然在会谈中顺利回应了所有疑问，最终双方达成了初步合作意向。上司在事后总结时指出：“李倩的补位工作让我们避免了信息断层和决策失误，体现了真正‘补到位’的核心价值。”

案例启示

1. 精准把握上司需求

核心要义：深入了解上司的工作习惯与战略方向，确保所有介入行为都与上司的预期一致。

实践技巧：通过电话确认、内部资料回顾等方式，预先判断上司可能的决策标准，从而指导现场行动。

2. 及时反馈与快速响应

核心要义：迅速收集、整理关键信息，并通过及时沟通反馈给上司，确保决策层始终掌握最新动态。

实践技巧：利用即时通信工具、现场会议纪要等手段，做到信息快速传递，保证在最短时间内响应突发情况。

只有当上司出现短板时，凭借这两个基本点，恰到好处地“补到位”，才能真正成为团队中不可或缺的隐形英雄，为上司分担压力、化解危机，最终推动整个组织走向成功。

案例与实战：第六把剪刀，补位的绝佳范例

在一次房地产项目竣工剪彩仪式上，总公司原定邀请的五位领导依次上台完成剪彩。正当流程进行得井然有序时，项目经理突然注意到台下还有一位同等级别的老领导也在现场。

眼看现场人数超出预期，项目经理迅速决定将这位老领导拉上台，与其他五位领导共同参与剪彩。然而，这一临时变故让现场气氛一度紧张，员工们担心场面会因此失控而显得尴尬。

就在这千钧一发之际，办公室的王主任毫不犹豫地从大衣口袋中迅速取出一把备用剪刀，果断地递上台，以确保六位领导都能顺利完成剪彩。

结果，在王主任的冷静应对下，剪彩仪式在一片喜庆祥和中圆满落幕，现场不仅避免了尴尬局面，更赢得了在场所有人的一致赞赏。

仪式结束后，一位老员工感叹道：“你怎么总是能预料到这种情况？”王主任微笑回答：“如果老总再又多叫一个人，我这口袋里还有备用的呢。”

事件背后的向上管理理念

这个案例虽看似简单，但却蕴含着极高水平的向上管理智慧和应急补位艺术。王主任的表现正是“主动补位”理念的完美诠释，他不仅预见了可能发生的变化，更通过精心准备，将局面转危为机，维护了整个团队和公司的形象。

1. 预见与准备：王主任在平时工作中，已经培养了敏锐的观察力和预判能力。他能够预见到在重大活动中，意外情况随时可能出现。正因如此，他在身上“备有第六把剪刀”，这种事先准备的意识，正是高水平补位的前提。

2. 主动与及时：在问题出现的瞬间，王主任没有犹豫、拖延，而是迅速拿出备用剪刀，将问题解决在萌芽状态。主动性和迅速反应不仅避免了尴

尬，也为上司和公司赢得了宝贵的信任与赞誉。

3. 精妙的平衡：补位的艺术在于既要帮上司解围，又不能逾越自己的权限。王主任的行为正是精准掌控了这一平衡：他既没有擅自改变剪彩流程，也没有抢夺领导的风头，而是以一种辅助的姿态，完美地补足了现场的缺口，既让上司满意，也让下属佩服。

正确做法与错误做法的对比

正确做法：

1. 预见性准备：高水平的职场人会时刻准备好“应急方案”——就像王主任口袋里常备的备用剪刀。这种前瞻性的准备，可以在关键时刻迅速弥补上司和团队的不足。

2. 主动出击，及时响应：当意外出现时，迅速采取行动，而不是等、拖延。及时响应能够迅速缓解危机，赢得现场主动权和上司信任。

3. 控制分寸，不越权：在补位过程中，要始终明确自己的职责范围，确保所做的举动是在上司授权或默许范围内进行。既要做到“补到位”，也要避免“抢功”或干扰上司的核心决策。

错误做法：

1. 缺乏预见与准备：如果没有提前准备应急方案，一旦出现突发状况，很可能会手忙脚乱，导致现场混乱，影响整体形象。

2. 被动等待，错失时机：过于被动或依赖上司指示，往往会在危机爆发后无法及时补救，错过最佳应对时机，最终导致局面不可控。

3. 越权冒进：在没有充分授权的情况下主动插手上司的事务，可能会引起上司不满或同事反感，损害自身形象和团队合作氛围。

● 向上管理小贴士

1. 事先“装备”自己：在重要活动或项目中，预先考虑各种可能的变数，并准备好相应的“工具”或方案。无论是物理上的备用设备，还是思维上的预案，都能为你在关键时刻提供有力支撑。

2. 培养敏锐的现场嗅觉：多关注细节，学会从现场氛围和领导动态中捕捉异常信号。当发现潜在问题时，要敢于先行出手，但同时要保持与上司的沟通，确保行动得当。

3. 分寸感和沟通艺术：在补位时，要时刻保持谦虚和谨慎。适时地向上司汇报行动，让上司了解你的判断和措施，既展现主动性，又不让人感觉你在抢风头。

4. 不断反思和学习：每次补位行动之后，及时回顾和总结经验，思考哪些地方做得好，哪些需要改进。长此以往，不仅能提升了你的预判能力，也能为今后遇到类似情况提供宝贵的经验。

● 向上管理核心总结

“第六把剪刀”的故事不仅仅是一段有趣的职场逸事，更是一堂生动的向上管理课。通过这个案例，我们可以看到：

高水平的补位离不开事前的精心准备和敏锐的现场洞察；

主动补位要求在恰当的时机出击，并且始终把握好自己的分寸，既能帮上司解围，又不越权冒进；

每一次成功的补位，都是对自己管理能力和团队协作精神的最好证明，同时也为职场晋升和领导力提升奠定坚实基础。

希望每一位职场人都能从中汲取智慧，学会在关键时刻拿出属于自己的“第六把剪刀”，为自己和团队创造更多的可能。

本章总结

1. 主动识别与弥补盲点

在团队或上司出现短板时，主动站出来观察并填补空缺，以确保整体工作不因细节疏漏而受阻。

2. 分工明确与协同互补

每个成员都有自己的职责，补位时须在自身范围内发挥优势，同时尊重上司的决策边界，实现优势互补。

3. “在其位，谋其政”的平衡艺术

主动补位既要发挥积极主动的精神，又不能越过自己职权，确保补位行为始终与上司战略保持一致。

4. 大局观与换位思考

补位不仅要关注眼前问题，更要站在上司和团队的全局角度看待问题，从而提供更具战略意义的支持。

5. 主动性转化为高效执行

从发现问题到迅速采取行动，主动补位要求将积极想法及时落地，防止小问题演变成大危机。

6. 责任心驱动全局保障

将上司的事务视同己任，凭借专业判断和强烈责任感，在关键时刻为团队提供切实有效的解决方案。

7. 边界清晰、沟通到位

补位过程中要及时与上司沟通，确认行动方案，既展现主动精神，又防止因越权引发权责混淆。

8. 预见性准备与应急演练

“第六把剪刀”的理念提醒我们：提前预判潜在风险，事先准备好应急方案，是主动补位的重要前提。

9. 案例启示与经验反思

通过历史和现实案例，理解主动补位的精髓，进而不断优化自身应对策略。

10. 成为上司最佳拍档的内化过程

主动补位是一种管理智慧的内化过程，要求不断学习、反思和实践，最终成为上司信赖的“隐形英雄”，推动团队协同共赢。

第八章

自我革新：职场跃升的“硬核动力”

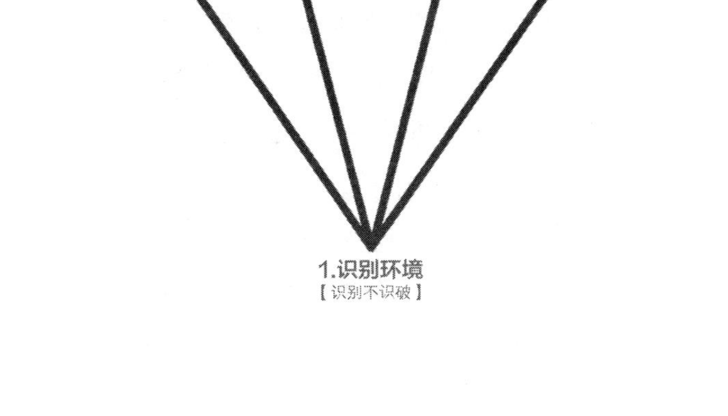

1. 打破“舒适区”：掌握职场永恒的生存法则

本书内容来到这一章，即将进入尾声，有一些学员会有一些疑问：“前面五大行为我都可以实际去操作，但谈到自我革新，总感觉这要求我彻底‘革掉’自己。毕竟我已经工作很多年了，觉得自己已经很难再改变了。这种变化对我来说是不是太激进了？我该如何在保持多年经验优势的同时，实现真正的自我更新？”

本书读到这里，学习了前面的五大行为，只要你开始逐步践行，其实你已经在无形中启动了自我革新的进程。每天持续的复盘与精进，就是你在自我更新的实践。那些懂得向上管理的职场人，在自我意识的觉醒上与停留在旧模式中的职场人，早已划出明显的界限。

本章我们将进一步探讨如何持续实现自我更新，确保你在不断变化的职场环境中保持敏锐的洞察力和适应能力。在当今这个人工智能迅速颠覆传统模式的时代，职场已不再是依靠日复一日的“稳定”就能长久生存的战场。正如达尔文所言，“能够生存下来的物种，并不是那些最强壮或最聪明的，而是那些对变化做出快速反应的。”当数字化转型和智能化升级成为常态，固守过去的经验只会让你在激烈的竞争中落后。

如今，AI不仅改变了业务模式，更深刻影响了决策流程和管理方式。每一次技术革新都像一股强劲的风暴，催促我们摒弃旧有思维，重构工作方式。向上管理的成功，已不仅仅依赖传统的职场智慧，而是需要你主动拥抱新技术，持续学习、快速迭代，用数据驱动决策，并学会与AI协同作战，才能在不断加速的变革浪潮中抢占先机。

这不仅是一种自我革新，更是一种生存策略。在未来，只有那些敢于突破“舒适区”、不断更新自身认知和技能的人，才能在充满不确定性和无限可能的职场中，成为那股不断进化、永不止步的硬核动力。

变化的世界与适应挑战

在当前这个技术日新月异、全球互联互通的时代，职场环境正以前所未有的速度发生深刻变革。人工智能、云计算、大数据和自动化技术正不断重塑行业格局和企业运作方式，传统的稳定模式和固有流程已经无法满足新时代的需求。管理者和职场人要想立于不败之地，必须具备敏锐的变化捕捉能力和快速响应能力。

技术与市场变革：旧模式的局限性

曾几何时，稳定的工作流程和既有经验曾为我们带来成功，但这种依赖惯性的方法如今正面临严峻挑战：

1. 技术飞速迭代：新技术层出不穷，传统工具和方法逐渐暴露出效率低下、灵活性不足的问题。例如，许多企业曾依赖人工处理信息和手工制定报告，但随着自动化工具和AI助手的普及，这些方式不仅效率低下，而且容易出现错误。

2. 市场需求瞬息万变：消费者需求和市场竞争环境正处于不断变化中。企业如果不能快速调整战略，就可能错失市场机遇，导致业务下滑。传统的“等变化”策略，往往让企业在转型关键期失去了竞争优势。

3. 员工价值观与工作方式转型：新一代员工更注重个性化、灵活性和自主权，他们渴望在工作中不断挑战自我。如果管理层仍旧沿用过时的管理模式，容易引发人才流失和组织僵化。

应对挑战：更新思维与行动策略

面对上述变革，单纯依靠过去成功的模式无疑是自我设限。真正的转机在于建立一套能够动态调整、持续创新的应对策略。

1. 敏捷思维与主动学习

在信息爆炸与技术迭代的今天，每个管理者都需要培养敏捷的思维方式。主动拥抱新知、不断补充和更新自己的技能，才能应对不断变化的外部环境。比如，通过在线课程、跨界培训和实时行业资讯来不断充电，这不仅能提升个人竞争力，也能为团队带来新的思维碰撞。

2. 数据驱动与智能决策

面对纷繁复杂的市场环境，决策不能再依赖直觉和传统经验，而必须借助数据和智能工具。利用AI进行数据分析，建立实时反馈机制，对业务流程进行优化，可以大幅提高决策的准确性和效率。企业领导者需要学会运用数据驱动的决策方法，推动组织在不断变化中保持高效运转。

3. 流程再造与持续改进

固有的工作流程很可能成为瓶颈。管理者需要深入剖析各个环节的效率，拆分流程，找出冗余和低效的部分，进而借助自动化和智能化工具进行流程再造。通过不断试错、反馈和迭代，建立起一套灵活、高效的工作机制，这样才能迅速应对突发挑战。

4. 跨部门协同与知识整合

当今职场已不再局限于单一部门、单一技能。跨部门协同和知识整合成为推动创新的重要因素。管理者应鼓励不同团队间的交流合作，打破部门壁垒，共同探讨并解决问题。通过多维度的知识整合，可以激发出更多创新思维，并形成企业内在的持续竞争力。

变革中的领导智慧

作为管理者，我们要认识到，领导者在变革时代肩负着引领全局的责任。关键在于：

1. 敏锐捕捉变化信号：要时刻关注外部环境的变化，从市场、技术到人才动态，快速识别潜在机遇和风险。

2. 建立灵活应变机制：传统的层级审批和固化流程在新环境下可能束缚创新。领导者应推动组织结构和管理机制的灵活转型，鼓励员工自主创新，形成上下互动、快速响应的企业文化。

3. 以人为本，与技术共舞：在拥抱AI和数字化转型的过程中，必须牢记人的核心作用。领导者需要既引进先进技术，也要关注员工的成长和适应能力，构建以数据为支撑、以人为核心的智能协同模式。

AI时代浪潮汹涌来袭

1. AI带来的加速变革

在人工智能与大数据的强大推动下，传统的工作模式和既有流程正以惊人的速度被颠覆。无论是数字化转型、智能决策，还是个性化学习与跨部门协作，变化的速度远超以往。曾经依赖的稳定流程和成功经验，往往在新挑战面前显得捉襟见肘。比如，有同事因为长期固守传统方式、未能及时掌握新技术，结果在团队转型中逐渐被边缘化；而那些积极探索新技能、敢于试错的人，则总能迅速抓住机遇，实现个人突破。如今，AI不仅重塑行业规则，更深刻影响了我们决策和行动的方式，迫使我们必须不断刷新认知，更新方法。

2. 自我革新的生存法则

在这个充满不确定性与机遇的时代，固守旧有模式只会让我们在巨变中逐步失去竞争力。真正的生存智慧在于主动拥抱变化：不断学习新知识、突破传统认知和行为习惯，重新设定目标与策略。只有这样，才能与时俱进，在面对未知挑战时做出精准反应。只有那些敢于“出局”、不断自我革新的人，才能在不断变化的环境中找到新的突破口，赢得更大的职业成长空间。

如何实现自我革新，在AI时代赢得未来

1. 主动学习与持续升级

（1）终身学习的态度：利用在线课程、跨界培训和行业研讨会，不断吸收新技术、新理念。如今，国内DeepSeek等平台为学习者提供了丰富的资源，助你了解AI如何彻底改变工作流程和决策机制。

（2）数据与智能工具应用：掌握数据分析和AI工具的使用，将传统手工操作转为自动化处理，提升工作效率，确保决策更精准。

2. 打破旧有认知框架，勇于尝试创新

（1）拥抱变革、敢于试错：在变革中，不要害怕失败，而应把每一次尝试视为宝贵的经验积累。实践中，灵活运用新软件和新硬件，将自身从传统工作方式中解放出来。

（2）创新意识与跨界思维：借助跨部门协同和跨学科知识整合，突破固有思维定式，让多元化思维为你带来全新的解决方案。

3. 与AI共舞，构建人机协同的新模式

（1）技术协同而非替代：把AI视为提升工作效率和决策质量的得力助手。通过智能数据分析、自动化工作流程和个性化学习平台，重塑工作模式，创造更多附加值。

（2）优化协同机制：建立与AI工具互动的流程，不仅让你从烦琐的重复劳动中解放出来，还能帮助团队在跨部门协同中更高效地整合资源。

4. 培养跨界思维，打破部门壁垒

（1）跨部门合作与知识共享：未来的职场不再局限于单一领域。鼓励跨学科、跨部门的合作，建立共享知识的机制，这将为你捕捉隐藏在变化背后的新机遇提供支持。

（2）多角度问题解决：通过不同视角和背景的融合思考，形成全新的认知体系，使你在复杂环境中迅速找到突破口。

● 向上管理核心观点

在这个不断颠覆与重构的新时代，简单地适应变化已不再满足时代的需求。真正的突破在于预见未来、主动塑造变革，并将不确定性转化为创新的契机。职场精英需要超越传统的技能和经验，不仅更新自己的知识储备，更要构建起一种前瞻性、整合多维资源的思维体系。只有具备了这种“变革领航力”，才能在复杂多变的环境中，不断调整战略、创造新的价值，并引领团队共同成长。

这不仅是对抗外部冲击的必要武器，更是一种内在驱动力。通过持续学习、跨界协同，以及与AI深度融合，我们将不再局限于追随时代的脚步，而是能够主动塑造未来。正如向上管理的理念所揭示的：那些能够将不确定性转化为无限可能的人，才能成为引领变革的中坚力量。

2. KISS高效法则：让效率翻倍的秘密公式

在这一节中，我们将围绕KISS法则——Keep（保持）、Improve（改进）、Start（开始）、Stop（停止）——展开讨论（详见图8-1）。你将学到如何在保持已有正面效果的同时，有条不紊地对现有短板进行调整与升级；如何结合之前的五大行为，聚焦于那些需要改变的环节，真正做到效率翻倍。让我们一起进入这一高效管理的新世界，借助这一秘密公式，在数字化变革的浪潮中不断突破自我，成就卓越领导力。

图8-1　KISS模型

个人自我革新：对五大行为迭代升级的KISS法则

在向上管理的实践中，我们需要不断复盘、迭代和升级前面的五大核心行为——识别环境、建立信任、客户思维、参谋献策与主动补位，而KISS高效法则正是为这一过程提供了一个清晰、系统的升级路径。下面以场景化的方式，结合实际案例，阐述如何利用KISS模型对这五个行为进行复盘与革新，进一步提升个人和团队的管理效能。

1. 识别环境

Keep（保持有效之法）：保留那些让你及时捕捉市场动态和内部变化的有效工具和方法，比如利用实时数据仪表盘监控业务指标。

案例：在一家跨国销售团队中，李经理每天早上会利用公司最新部署的实时数据仪表盘查看市场动态和竞争对手动向。借助智能数据可视化工具，他能够迅速捕捉到销售数据中的异常波动，为团队调整策略提供依据。这种做法已成为他不可或缺的“早晨例会”程序，也为团队带来了持续的正向效应。

Improve（改进不足之处）：针对那些依赖直觉判断而忽视数据支持的环节，学习并引入AI辅助分析工具，提升环境识别的准确性。

案例：尽管李经理在利用数据工具方面表现出色，但在处理复杂数据时，他发现有时依赖传统的手工分析仍存在解读偏差。于是，他报名参加了一个数据分析在线课程，并在内部组织了小型分享会，将AI辅助数据处理的技巧引入团队，使得数据解读更加精细和科学。

Start（开始新的行动）：主动尝试新的数据分析模型和预测工具，让自己在变革初期就能捕捉到更多潜在机会。开启跨部门的数据分享会，与市场和技术团队共同研讨趋势，为战略决策提供更多维度的支持。

案例：为进一步提升环境识别能力，李经理主动与市场部门联合开展“趋势预测工作坊”，邀请技术和市场专家共同研讨。借助最新机器学习模型，他们构建了一套基于历史数据的预测系统，从而提前预判即将到来的市场波动，并形成了一整套预警机制。

Stop（停止无效或有害的行为）：停止依赖过时的、人工统计数据的方式，果断淘汰低效的环境识别方法，转而全面拥抱智能工具。

案例：李经理也意识到，过去单纯依赖直觉和传统报表的做法已经落后于时代。于是，他果断淘汰了那些重复性高且低效的手工数据整理方式，全面切换到自动化数据处理平台，有效缩短了决策响应时间。

2. 建立信任

Keep：继续保持透明沟通和定期汇报机制，这些已经证明能赢得上级和团队信任的习惯是你成功的基石。

案例：张总作为一位产品经理，一直坚持每周定期召开全员会议，通过精心制作的图文并茂的汇报材料，将项目进展、风险点和改进建议及时反馈给上级及团队。每次会议后，大家都能明确下一步的工作重心，从而赢得了上级的信任和团队的认同。

Improve：针对沟通中信息不够精准或反馈不及时的问题，优化汇报内容和频率，利用智能协同工具提高互动效率。例如，借助语音助手和智能笔记软件，使沟通更加高效、直观，进一步增强团队凝聚力。

案例：在某次项目推进中，由于信息传递略显模糊，导致上级在关键决策时有所犹豫。张总随后引入了智能协同工具和语音助手，不仅将会议信息实时记录并生成自动摘要，还设立了定期回顾机制，让信息传递更加精准和高效。这一改进使得沟通不再滞后，管理层也能在第一时间获得准确数据支持。

Start：尝试引入在线协同平台，建立跨部门沟通渠道，推动多维度信息共享，形成全员信任的生态系统。开启定期的跨团队交流会议，让不同层级的员工都能参与到决策反馈中。

案例：为了构建更宽广的沟通平台，张总主动发起了跨部门联席会，让研发、市场和客服等多个部门共同参与讨论。通过多角度的交流，不仅增强了团队内部的透明度，也建立了全公司的互信氛围，为后续的战略决策提供了坚实的基础。

Stop：停止单向命令和封闭式沟通，避免因信息孤岛造成的误解和信任缺失。

案例：张总摒弃了过去那种单向信息下达的模式，杜绝了“只发指令、不听反馈”的弊端，确保每一项决策都在公开、透明的氛围下进行，让沟通真正成为建立信任的桥梁。

3. 客户思维

Keep： 保持那些把上司当成客户需求为导向的成功经验，如定期与上司进行反馈会议，确保产品和服务持续优化。

案例：在一家科技公司中，张主管始终坚持把上司当作“内部客户”来看待。她每季度都会与上司进行一次深度交流，主动了解上司近期战略调整的需求、偏好和痛点。通过精心设计的“上司满意度问卷”，她收集了上司对部门汇报和项目进展的反馈。这样一来，她不仅能确保工作成果与上司预期高度匹配，还能在上司需要时提供定制化的支持，形成了一个以客户需求为导向的管理模式。

Improve： 对上司反馈处理流程进行优化，引入数据驱动的反馈系统，确保每一条意见都能迅速转化为改进措施。利用在线调查和大数据分析，提升上司需求的捕捉准确率。

案例：尽管张主管已经取得了不错的效果，但在一次项目中，她发现上司对某项关键决策的关注点与以往有所不同，传统的反馈方式未能及时捕捉这一变化。于是，她利用数据可视化工具和智能沟通平台，对上司反馈进行实时分析，并将这些洞察融入项目调整方案中。这一举措让上司在决策时更加依赖她提供的数据支持，进一步提升了她在上司心目中的专业形象。

Start： 主动优化上司体验，邀请上司参与产品迭代讨论，实现从内部推演到外部验证的闭环创新。

案例：为了更好地满足上司需求，张主管开始定期组织“上司需求共创会”。她邀请上司与相关部门负责人、项目组成员一起探讨未来工作的方向和改进措施。在会上，上司不再只是被动接收信息，而是参与到制定策略的过程中。这种跨部门协同不仅激发了团队创新，也使得上司对部门的整体运作有了更深的信任和认同感。

Stop：停止单一依赖历史经验判断上司需求的方式，杜绝因惯性思维导致的市场反应迟缓。

案例：张主管认识到，以往单向汇报、仅靠纸面反馈的沟通模式已经无法满足上司日益多样化的需求。她果断停止了这种陈旧做法，转而全面推广多渠道、实时互动的沟通机制。借助即时通信工具和定期视频会议，上司能够随时了解最新情况，并对工作进展提出即时反馈，从而让整个管理流程变得更加高效、透明。

4. 参谋献策

Keep：继续发挥自己在团队中的智囊作用，保持定期向上级提供建设性意见的习惯。

案例：李经理在团队中一直扮演着“智囊团”的角色。他定期收集行业信息和市场数据，提前制定出多套应对方案，并在高层会议上以清晰、图文并茂的方式向上级汇报，使决策层对整个项目的把控更为精准。

Improve：针对建议不够具体或数据支撑不足的问题，加强对行业数据和AI预测工具的应用，使建议更具前瞻性。利用智能决策支持系统，提升建议方案的科学性和实用性。

案例：有一次，李经理在提出战略建议时，因部分数据不足而遭遇上级质疑。随后，他开始利用智能决策支持系统对数据进行深度挖掘，通过模拟实验和案例分析，增强建议的说服力。通过不断优化，他的建议不但更具前瞻性，而且总能准确对接市场变化。

Start： 主动发起跨部门头脑风暴会，引入外部专家意见，丰富自己的建议库，促使决策更全面。开始尝试试点新型战略模型，让自己在实践中不断探索创新方案。

案例：为了丰富战略方案，李经理主动发起跨部门的头脑风暴会议，邀请来自市场、研发和财务等部门的同事参与。通过多方协作，他不仅获得了更多视角，还将外部专家的前沿观点引入讨论中，最终形成了一套行之有效的战略蓝图。

Stop： 停止仅仅停留在提出意见的阶段，杜绝过于依赖传统经验的模式，确保每条建议都有数据和案例作为支撑。

案例：李经理明确认识到，单靠以往的经验已无法应对日益复杂的市场环境。他果断停止了仅凭直觉做决策的行为，确保每一次献策都有坚实的数据和案例作为支持，从而使参谋献策更加科学和高效。

5. 主动补位

Keep： 维持在团队遇到短板时主动出击补位的精神和方式，保持那些在危急关头赢得上司赞誉的高效举动。

案例：陈女士是一家制造企业的生产部门主管。在一次关键项目推进过程中，她敏锐地发现，因上层战略调整导致供应链环节出现了信息传递的断层。陈女士迅速召集相关部门召开临时会议，调动内部资源，弥补了这一管理空缺，确保了项目进度不受影响。她这一果断而及时的补位行为，不仅赢得了上级的高度赞赏，也让团队在危机中保持了稳定运行。

Improve：针对补位过程中偶尔出现的越位风险，优化行动流程，明确补位的边界和沟通方式。通过模拟演练和案例复盘，不断调整补位策略，使其更符合团队整体利益。

案例：在过往的经验中，陈女士也曾因补位时缺乏明确的边界而引发过一些小摩擦。为了避免这种情况，她开始在项目启动前，与上级及相关部门明确各自的职责范围，并制定了详细的补位预案。在一次复盘中，她组织了部门内部的案例讨论，针对补位过程中出现的越位问题进行了深入剖析，并借助智能协同工具记录改进意见，从而使得每一次补位行动都严格遵守既定权限，既解决问题，又不干涉上级决策。

Start：开始设立“补位预案”，让团队预先制定各种应急响应机制，提高整体补位的反应速度。主动培训团队，提升全员对突发情况的识别和协同应对能力。

案例：认识到突发状况随时可能出现，陈女士主动倡导并推动跨部门应急演练，制定出一整套“补位预案”。她邀请来自供应链、技术和质量控制等各个相关部门参与模拟演练，确保在真正的紧急情况下，大家都能迅速响应、协同作战。这个预案不仅提高了团队整体的补位反应速度，也为日常工作中可能出现的风险提供了明确的操作指南。

Stop：停止因急于解决问题而采取的越权行为，杜绝因信息不对称而导致的误判和管理混乱。

案例：陈女士深知在紧急情况下，急于解决问题可能会导致越权操作。为此，她建立了严格的信息汇报和审批流程，确保所有补位举措都在既定权限内进行。她明确要求自己和团队，在采取补位措施前必须先与上级确认关键细节，杜绝因信息不对称而造成的管理混乱。通过这一措施，陈女士成功避免了因盲目行动而引发的不必要内部冲突，同时保持了部门运作的高效与顺畅。

● 向上管理核心观点

在这一节中，我们通过对向上管理中“识别环境、建立信任、把上司当作客户管理、参谋献策、主动补位”五大核心行为的深入剖析，结合KISS高效法则的应用，构建了一个系统化的复盘与迭代升级框架。通过具体、场景化的案例，我们看到：

识别环境：管理者利用实时数据仪表盘和先进的AI工具，既保持原有的敏锐洞察力，也通过学习和跨部门协作不断优化数据解读，从而提前预判市场变化。

建立信任：通过透明、定期的汇报和跨部门联席会，管理者在信息共享和多维沟通中不断增强上级及团队之间的互信，杜绝单向沟通带来的信息孤岛。

客户思维：将上司视为内部客户，通过定期深度交流、定制化的反馈机制和共创会议，不断满足上司战略需求，进而提升工作成果与上司预期的匹配度。

参谋献策：管理者主动收集和整合市场与行业数据，通过智能决策支持系统和跨部门头脑风暴，提出更具前瞻性、数据支撑充分的建议，推动决策科学化。

主动补位：在团队出现短板时，管理层果断出击、协调资源补位，通过明确的职责划分和严格的审批流程，既确保及时解决问题，又防止越权操作引发内部矛盾。

这一系列的实践案例充分展示了KISS法则在向上管理中的强大效用：在保留成功经验（Keep）的同时，通过持续改进（Improve）不断弥补不足，主动探索新方法（Start）并果断淘汰那些低效行为（Stop）。这种系统化、迭代式的自我革新和团队协同升级，不仅助力管理者在数字化与智能化浪潮中保持竞争优势，更为从执行者向真正掌舵人转型提供了坚实支撑。正是在这种不断复盘与优化中，向上管理的精髓得以升华，最终实现效率翻倍和卓越领导力的稳步提升。

3. 三大革新领域：知识、技能、机制

在我们培训课程开始之前，常常会有学员带着疑问来到课堂上，他们会问笔者：“我现在工作稳定，没有参加培训也能应对各种挑战，为什么还需要学习向上管理？”

对此，笔者常说：你主动提出问题，本身就已经展现了自我革新的意识，这正是转变的第一步。只有具备不断学习和迭代自我的心态，才能在信息爆炸、人工智能迅猛发展的时代中不断提升竞争力。

本节的核心在于三大革新领域——知识、技能和机制。这也是我常对学员反复强调的重点。下面，笔者将通过剖析自我革新的障碍与突破，来阐明这三大领域如何帮助你打破固有框架，与时俱进，实现质的飞跃。

自我革新的障碍与突破

在数字化转型和人工智能高速发展的时代，传统管理模式正面临前所未有的挑战。每位管理者不仅需要面对市场环境的剧烈变化，更要时刻警醒自身在思维、沟通和进取上的局限。只有打破固有模式，才能在数据智能和全球信息浪潮中立于不败之地。

1. 思想僵化

许多人在成功后，容易形成固有思维模式，甚至依赖直觉决策，忽略了新技术和外部环境的巨大变化。

例如，在人工智能时代，仍固守传统经验的部门主管可能会拒绝利用大数据进行决策，从而错失通过智能算法优化资源配置的机会，最终使团队效率低下、竞争力下降。

（1）正确做法

①换位思维：站在团队成员或客户的角度思考“他需要什么？”借助数据分析和用户反馈，多维度捕捉新需求。

②持续学习与开放交流：定期参加行业研讨、科技论坛，吸收前沿信息；利用人工智能工具，如数据仪表盘、预测分析软件，实时监测市场趋势，勇于尝试新工具与方法。

（2）错误做法

坚持老路，不肯接纳新知识，对新技术抱有偏见，导致决策方式与时代脱节。

2.自我封闭

部分管理者因自视甚高，认为凭借过去的经验足以应对一切，而忽略了外部反馈和跨领域智慧的重要性。

例如，在企业推行数字化转型过程中，某些高层领导因缺乏与基层和科技部门的有效沟通，错过了利用AI优化流程、提升效率的良机。

（1）正确做法

①内省思维：不断问自己“我是谁？我能做什么？”以数据与事实为依据，对比“怨天尤人”的消极心态，保持开放心态接受各方建议。

②构建跨部门沟通机制：建立信息共享平台，利用匿名调研和智能分析工具，整合来自各层级、各领域的宝贵意见。

（2）错误做法

将所有问题归咎于外部环境，拒绝自我反思，不借助新科技手段，导致管理决策长期停滞在过去的模式上。

3. 不求进取

在信息瞬息万变的今天，安于现状只会使你被行业变革所淘汰。

例如，一位管理者若不主动了解并掌握人工智能、区块链等前沿技术，必然会在团队内部和市场竞争中失去先机。

（1）正确做法

①积极承担新任务：将接触新技术和新领域视为自我成长的契机，把挑战未曾经历的工作和职位转变为学习与突破的乐趣。

②目标—手段思维：不断探问“为什么？怎么做？”利用智能工具进行决策支持和效果跟踪，设定并实现一个又一个新的目标。

（2）错误做法

满足于当前的成就，逃避新挑战，不借助现代技术和思维工具，终将错失发展的最佳时机。

知识、技能、机制的革新

在这个智能化浪潮席卷全球的时代，知识、技能、机制的革新必须与时俱进，融入最新科技元素，才能真正实现跨越式发展。每个环节都有其优势、短板与改进空间，而这些都需要以人工智能为辅助，进行精准诊断和持续优化。

1. 知识

专业知识、边缘知识和通用知识构建起一个多维度、全景式的认知体系，为科学决策提供坚实数据支持。通过智能推荐系统，你可以不断获得符合自身需求的最新信息。

（1）定期设立“学习日”，利用在线学习平台和AI驱动的知识管理工具，实现内部知识共享与智能更新。主动参与行业培训、科技论坛和线上课程，实时跟进前沿动态。

（2）持续学习、智能充电，不仅能保持知识前沿性，还能使决策更加科学与精准。

2. 技能

随着实践的不断积累，管理者逐渐形成了一套核心技能体系，这为日常决策和团队协作提供了保障。

（1）通过跨部门实践和智能培训平台，主动掌握新工具和新方法，如数据分析、数字协同及人工智能应用。制定半年度技能迭代计划，定期检视并更新技能清单，确保在技术与管理方式上不断进步。

（2）条条大路通罗马，唯有不断迭代升级和拥抱新技术，才能在激烈的职场竞争中不断突破瓶颈。

3. 机制

完善的管理机制能够激发团队自驱力，形成数据驱动的决策循环和高效执行体系。

（1）传统激励与考核机制往往僵化，难以反映市场动态和团队实际状态，导致士气低落。

（2）建立动态、透明的激励与考核机制，借助数字化工具实时监控与反馈，确保公平与高效。

（3）定期开展共创会和启动会，结合数据分析结果和智能反馈，推动机制的持续优化。

积极乐观的态度与自我批评

在这场智能化浪潮中，积极乐观的态度尤为关键。管理者需要以开放的心态接受多元反馈——不仅要善于聆听来自团队的声音，更要借助人工智能与大数据工具，对反馈进行科学分析，从而找出真正有价值的意见。

当听到赞美之词时，要结合客观数据和实际业绩，冷静评估自己的优劣，防止因片面信息而自满；更要珍视那些逆耳的忠告，利用智能反馈系统及时捕捉问题症结，转化为前行的动力，推动自我和团队不断前行。

在最新人工智能赋能和向上管理理念的指引下，我们不仅能准确识别正负思维对职场革新的深远影响，还能通过不断优化知识、技能和机制，打造一个既充满活力，又具有前瞻性的管理体系。唯有如此，才能在瞬息万变的市场环境中立于不败之地，实现真正的质的飞跃。

● 向上管理核心观点

在数字经济和人工智能重塑职场的今天，自我革新不再仅仅是个人能力的提升，而是一场关乎未来领导力和组织韧性的深层次变革。管理者不只是要逐步破解固有的认知局限，更要利用数据驱动的洞察和前瞻技术，将每一次挑战转化为重新定义自我与团队的契机。

这不仅意味着跨越传统的学习与实践模式，更是一种借助智能工具、迭代升级管理机制的战略觉醒。每一次突破，都将成为组织智慧和市场竞争力提升的催化剂，推动我们从“适应变化”迈向“创造变革”。

站在全新技术与理念的前沿，我们正迎来一个充满不确定性，却又潜力无限的时代。唯有敢于打破陈规，不断探索创新路径，才能在激烈的市场竞争中铸就独一无二的核心竞争力，为企业和个人开辟出一条持续高质量发展的新航道。

案例与实战：自我革新的进阶之路

案例背景

在一家拥有悠久历史的传统制造企业中，长期以来生产部门依赖于经验传承和烦琐的审批制度维持稳定运营。然而，随着大数据、云计算与人工智能技术的迅猛发展，传统管理模式暴露出审批流程冗长、信息孤岛严重和决策缺乏实时数据支撑等弊端。据行业统计，类似企业由于信息化不足，生产效率常常比市场平均水平低20%～30%，而创新能力则难以突破。

转型契机与向上管理的觉醒

一次跨部门的高端论坛，让陈经理耳目一新。会上，专家们以严谨的数据和实战案例展示了如何利用数字化工具提升企业运营效率和战略敏捷性。专家们强调，中层管理者不仅是执行者，更应主动将一线真实数据和问题反馈给高层，以推动全局性变革。

会后，陈经理反复思考："如果我不能打破传统框架，如何能引领团队走出信息孤岛？"这番体会促使他认识到，只有跨出自我设限的舒适区，拥抱数据驱动管理，才能实现真正的转型升级。

自我革新之旅：突破舒适区的第一步

陈经理深知"舒适区"的隐患，也明白唯有正视并突破自身局限，才能带动团队走向高效与创新的新纪元。他决定从自我更新开始：利用业余时间深入攻读数字化管理、AI决策模型，以及数据分析技术的前沿理论。数据显示，掌握这些前沿知识的管理者在决策效率上往往能提高30%以上。

不仅如此，陈经理还主动搭建跨部门沟通桥梁，邀请团队中充满活力的年轻人才，共同参与头脑风暴。大家换位思考，模拟真实生产场景，深入探讨如何将客户需求与一线员工反馈转化为具体数据，从而破解"经验至上"的传统瓶颈。这种以数据说话的方法，使得每一项改进方案都具有坚实的事实依据，令团队从根本上构建起更加开放、包容且高效的数据化管理文化。

通过这一轮系统性的自我革新，陈经理不仅更新了知识储备，更在实践中推动了团队管理方式的转型。试点数据表明，他带领下的部门审批效率提升近40%，团队协同与创新氛围显著增强。

全面革新：从深度思考到持续迭代优化

为了确保自我革新的成果能够真正落地生根，陈经理从“知识”“技能”与“机制”三个维度对团队进行系统性升级，推动从传统经验管理向数据驱动管理的华丽转型。

1. 知识革新

（1）学习与更新

陈经理设立了每月一次的“知识日”，邀请业界顶尖专家通过线上研讨会分享最新行业趋势、前沿AI应用案例，以及智能工具的革新实践。与此同时，他借助智能推荐系统，为团队自动推送与各自岗位高度相关的前沿研究报告、数据洞察和市场趋势，从而确保每位员工都能不断更新知识储备，始终站在行业前沿。

（2）场景化讨论

在部门例会上，陈经理引导团队以实际业务场景为切入点，讨论如何将最新理论与技术转化为解决实际问题的创新方案。他要求每个案例都必须附上数据支撑和可量化指标，以确保理论与实践无缝对接，并最终转化为提升企业竞争力的实际成果。

2. 技能升级

（1）跨部门协同与实践

陈经理与信息技术部紧密合作，推动引入实时数据仪表盘、项目协同平台和智能工作流管理系统。通过模拟演练和实际项目试点，团队成员得以在真实场景中迅速掌握大数据分析、流程再造和智能决策的核心技能。数据显示，经过这种跨部门协同试点后，部分项目的决策效率提升了近30%。

（2）流程简化（KISS法则）

依托自动化审批系统和敏捷管理工具，陈经理带领团队对现有冗长复杂的工作流程进行彻底重构。通过明确每个流程环节的具体目标和关键绩效指标（KPI），他成功将审批周期缩短至原有流程的三分之一，实现了流程的简单化与效率的最大化，同时也让每个环节的数据透明度大幅提升。

3. 机制改进

（1）透明激励与动态反馈

为激发团队内部竞争力和创新活力，陈经理引入了一套基于实时数据的动态考核系统。该系统通过智能数据分析，为每位员工提供即时、量化的绩效反馈，将个人贡献透明化、具体化。这不仅让每个员工都能清晰看到自己的成长轨迹，也促使他们在日常工作中不断追求突破。

（2）开放沟通平台

陈经理定期组织共创会和启动会，利用智能问卷和大数据分析工具广泛收集团队的真实反馈，构建了一个人人参与、数据驱动的沟通生态。通过打破部门壁垒和信息孤岛，这一平台使得一线问题能迅速传递至高层，实现从下而上的持续改进和协同创新。

通过这一系列系统性的革新举措，陈经理不仅重构了团队的知识体系与技能结构，更通过机制优化，为整个组织注入了持续迭代、智能化升级的核心竞争力。整个转型过程不仅是管理理念的更新，更是数字化与智能化赋能下的深层次组织再造，成功实现了从"经验驱动"向"数据驱动"的质变。

转型成效与深刻感悟

经过数月持续不断的改进和优化，陈经理带领团队实现了令人瞩目的转型成果。

1. 效率跃升

通过全面重构审批流程和引入先进的数字化工具，生产效率整体提升了近40%。各项关键指标均显示出明显改善，数据透明化使决策更加精准、高效。

2. 团队氛围蜕变

曾经固守传统模式的团队，如今焕发出前所未有的活力。成员们不仅敢于打破常规，积极提出创新建议，而且自发跨部门组建"创新工作坊"，形成了一个以数据为依托、开放协同的全新工作生态。

3. 领导力的全面升级

陈经理由一位依赖经验的传统管理者，转变为以数据和开放交流为核心的新型领导者。他通过主动向上沟通和持续自我革新，不仅赢得了上级的信赖和同行的尊重，更成为推动组织变革的中坚力量。

案例启示

陈经理的转型之路，真实而深刻地诠释了在人工智能和数字化浪潮中，管理者如何通过系统性的自我革新打破传统束缚，实现从“经验驱动”到“数据驱动”的跨越。借助KISS法则，他在知识、技能和机制三个层面完成了全方位升级。这一路程虽然充满了挑战和不断试错的不确定性，但正是在每一次小小的突破中，陈经理逐步积累起推动组织变革的“硬核动力”。

这一案例不仅是陈经理个人职业生涯的蜕变，更为所有职场人士提供了宝贵启示：只有敢于突破舒适区、不断学习前沿技术并勇于实践创新理念，才能在激烈的市场竞争中脱颖而出。每一次看似微不足道的改变，都可能成为未来巨变的起点。

在今天这个数字化、智能化迅速发展的时代，管理变革不再只是理念上的革新，而是需要用数据说话、用事实证明的实战策略。陈经理的成功转型告诉我们，每位管理者都具备实现自我跃升的潜力，只要敢于拥抱变革，未来必将因不断优化与突破而充满无限可能。

本章总结

1. 打破舒适区，主动拥抱变革

勇于突破既有经验与固定模式，通过不断学习新技术和新理念，为自己注入持续进化的硬核动力。

2. 敏捷思维与数据驱动决策

利用实时数据与AI工具，对决策过程进行科学化管理，从直觉转向数据支持，提升决策效率和准确性。

3. 持续流程再造与机制优化

针对低效流程和传统管理壁垒进行深入剖析，通过自动化和智能化改造，实现工作流程的端到端优化。

4. 跨部门协同与知识整合

打破部门壁垒，构建开放共享的知识平台，促进跨领域协作，激发多角度创新思维，推动整体竞争力提升。

5. 三个维度引领自我革新

从思考（Think）、行动（Action）、学习（Study）到持续改进（Keep Improving），构建一套系统化、迭代式的自我更新路径。

6. KISS高效法则实现效率翻倍

通过Keep、Improve、Start、Stop四步法，系统审视和优化个人及团队的工作方式，果断舍弃无效行为，迅速启动新策略。

7. 知识、技能、机制全面升级

聚焦专业知识的更新、核心技能的迭代和管理机制的重构，确保在数字化转型浪潮中保持领先优势。

8. 正面思维与科学反馈机制

以数据为基础，培养正面、前瞻的思维方式，同时建立透明的反馈渠道，持续校正自我认知与改进方向。

9. 与AI共舞，构建人机协同生态

不将AI视为威胁，而是作为得力助手，利用智能分析和自动化工具重塑工作模式，实现人与机器的高效协同。

10. 成为引领未来的变革者

通过自我革新，不仅适应环境变化，更主动塑造变革，以前瞻战略和持续迭代，铸就职场跃升的不竭竞争力。

第三部分

职场能力的全面升级与长期复利

第九章

展望未来：

从向上管理到职场领导力

1. 个人愿景打造：从"执行者"到"掌舵人"的角色转型

在本书的前八个章节中，我们系统地探讨了向上管理的各个维度——从破解职场"黑科技"、精准识别环境、建立稳固信任，到借助客户思维、参谋献策、主动补位和自我革新，展示了一系列科学方法和实战案例，帮助读者打破职场天花板，实现个人与组织的双赢局面。现在，我们站在本书的终章，放眼未来，聚焦如何实现从"执行者"到"掌舵人"的角色蜕变。这不仅是对前文核心内容的系统梳理与提炼，更是一次引导读者站上更高视角的认知升维之旅。

钻石模型核心回顾

来到本书的最后一章，我们先回顾一下前文，向上管理的六大关键行为为我们奠定了坚实基础，包括但不限于：

识别环境：洞悉全局，精准定位自己的处境和角色，为行动铺设正确方向；

建立信任：积累信用，筑牢上下级协作的基础，让领导愿给予你更多空间；

客户思维：换位思考，视上司如客户，努力提供超出预期的价值，塑造个人口碑；

参谋献策：不再仅仅执行命令，而是积极建言献策，在团队决策中争取更多话语权；

主动补位：在恰当时机，及时弥补团队和上司的空当，赢得高度协作与信赖，成为上司的“最佳拍档”；

自我革新：持续学习和优化，突破自我局限，以不断升级的能力适应变化，驱动长远成长。

以上六个方面构成了向上管理的核心方法论，帮助我们在职场中不断积累影响力。然而，掌握方法只是起点。接下来，我们将进一步升华这些经验的意义，在“钻石模型”的基础上形成个人影响力闭环，引导你从“执行者”走向“掌舵人”，完成职业生涯中至关重要的思维与角色跃迁。

构建个人影响力闭环

在职场中，仅仅把分内任务做好是远远不够的。要想成为组织中不可或缺的“稀缺人才”，你需要培养一种闭环式的个人影响力。简单来说，就是通过持续的高效产出赢得上司信任，以信任获取更多资源和机会，再利用这些机会创造更大的价值和影响，进一步巩固信任，如此循环往复，形成正向反馈的职场闭环磁场。

在现代职场中，那些不断以卓越业绩赢得信任，并以更高格局思考问题的人，往往能从基层一路成长为组织的中流砥柱乃至掌舵者。例如，史蒂夫·乔布斯在重返苹果公司后，以清晰的愿景和极致的产品追求，重新定义了公司的方向，让整个团队围绕他的理念协同奋进；稻盛和夫接手日航时，强调“作为人，何谓正确”的信念，将个人使命感融入企业愿景，带领濒临破产的日航起死回生。这些传奇领袖之所以能掌控全局，正是因为他们拥有强大的影响力闭环磁场：愿景驱动行动，行动创造成果，成果赢得信任，信任反过来让他们影响更高层面的决策。

五步实战路径：从理念到行动

1. 登高望远，确立战略视角

摒弃“螺丝钉”式思维，先问自己：我所做之事，如何契合部门与公司战略？

通过设定长远职业定位，培养宏观思考习惯，你便能分辨轻重缓急，将精力聚焦于真正驱动组织发展的关键环节。

2. 对标上司，心手相应

主动换位：洞悉领导的核心目标与压力所在，明确其对成果的期待与汇报偏好。

每次行动前，与上司保持同频——当他遇到难题，迅速将其纳入优先事务；当资源争夺受阻，及时提供可行方案。这样，你的价值便与领导目标深度绑定。

3. 高效沟通，铸就信任基石

以言简意赅的方式，定时汇报关键信息，避免“消息盲区”与“过度请示”。

一旦发现风险或偏差，第一时间主动说明；重大决策后，用书面确认共识与后续行动。透明、及时地沟通，让上司对你省心、放心。

4. 超越职责，勇担重任

不拘泥于职位描述，主动揽责，为团队和领导分忧解难。

预见项目瓶颈，预备替代方案；捕捉新机遇，整理提案汇报领导。通过“想得到、做得到”的执行力，你将从执行者晋升为不可或缺的中坚力量。

5. 放大影响，主导方向

参与战略讨论，以专业见解影响同僚和跨部门决策；在重大议题前，奉上数据和洞察，为领导决策提供坚实依据。

当你屡次证明判断力与大局观，上司必将更频繁地征求你的意见——你的声音，即成为引领组织走向未来的风向标。

掌舵人的核心

从“能做”到“能掌控”，不仅是能力的积累，更是思维与格局的升华。识别环境、建立信任、客户思维、参谋献策、主动补位，五大行为构成持续自我革新的动力。唯有将上述路径融会贯通，才能开启影响力闭环磁场，实现向上管理的终极跃迁，在更高维度创造并掌控价值。这正是向上管理3.0的终极目标：帮助每一位职场人突破天花板，成长为具备方向掌控力的领航者。

2. 向上与向下：职场双向管理的进阶修炼

前面的章节中，我们深入探讨了如何通过向上管理从一名执行者成长为掌舵人。然而，职场管理从来不是单向的——真正的职场高手不仅能影响上级，也能带动下属。换言之，在迈向领导力的道路上，我们需要掌握双向管理的艺术：既要向上影响决策，又要向下推动落实，实现从影响上司到影响团队的跃迁。

双向管理的真正含义：从单向控制到赋能闭环

传统观念中的上下级关系是一条自上而下的单行道，上级发布命令、下级执行任务。但在新时代的职场生态中，这种单向控制正在让位于“双向赋能”。向上管理不等于讨好迎合，而是通过专业价值影响上司决策，协同达成组织目标；向下管理也并非简单发号施令，而是在明确方向后赋能团队，激发每个人的主观能动性。上下同欲者胜：当你既能让上司信任，又能令团队拥戴，你就在组织中形成了强大的影响力闭环。

笔者在“钻石模型”中提出的六大关键行为（识别环境、建立信任、客户思维、参谋献策、主动补位、自我革新）助力了向上管理的成功。同样，这六大行为延伸到向下管理领域，就构成了一套全新的向下管理能力框架。笔者将其形象地称为“磁场模型”，寓意领导者如磁场一般上下贯通，吸引凝聚团队力量，形成闭环磁场。磁场模型包含以下六项向下管理的核心能力。

1. 知人善任，因才布局： 就像识别环境有助于向上管理，识人用人是向下管理的基础。优秀的领导者深度了解每位团队成员的性格特质、能力优势和发展潜力，并据此进行合理分工和岗位安排。知人善任意味着把合适的人放在合适的位置上，使其如鱼得水、发挥所长。这种因材施用的布局不仅激发个人潜能，也让团队整体运作更加高效顺畅。

2. 建立威信，厚植信任： 向上管理强调建立信任，同样地，向下管理需要领导者树立威信，赢得团队的信任和尊重。威信并非靠职务高低天然生成，而是来源于领导者的品格和实力——言出必行的担当、以身作则的作风、公正公允的处事原则。通过身先士卒地面对挑战、兑现对团队的承诺，领导者将在成员心中筑牢信任之基。当团队对你产生由衷信赖时，你的话语自然更具分量，凝聚力也会与日俱增。

3. 服务思维，协同共赢： 客户思维教我们把上司当作客户对待，而在向下管理中，卓越领导者心中则秉持"服务团队"的理念，呈现出一种反向的客户思维。他们视团队成员为内部客户，关注下属的工作需求和职业发展，及时提供所需的资源支持与指导帮助。这种服务型思维体现在日常管理中，就是多站在员工立场考虑问题，主动聆听一线反馈，为团队扫清障碍。当领导者致力于成就他人，团队即可形成协同共赢的正向氛围：成员得到尊重与成长，团队目标也更易达成。

4. 授权赋能，激发担当： 参谋献策强调在上司决策时提供有力建议，而向下管理的对应动作则是授予团队空间和权限。也就是说，优秀管理者懂得放权，让专业的人做专业的事。在明确方向和原则后，他会给予下属充分的信任与自主权，鼓励他们提出创见、自主决策。在这个过程中，领导者扮演的是教练和后盾的角色：既提供必要的指导，把控大方向，又避免事无巨细地干预。通过授权赋能，团队成员的主人翁意识被激发出来，敢于担当、勇于创新，整个团队的战斗力随之倍增。反之，如果事必躬亲、微观管理，不仅令自己疲于奔命，也会扼杀团队的主动性和创造力。

5. 保驾护航，稳健涉险： 向上管理时我们主动补位、替上司分忧；在向下管理中，同样需要领导者在关键时刻挺身而出，为团队保驾护航。这意味着当团队遭遇外部压力或重大挑战时，领导者能够承担责任、抵御风险，创造一个安全而有保障的工作环境。例如，在跨部门冲突中为团队据理力争，在项目遇阻时主动协调资源排除障碍。领导者充当团队的盾牌和后援，让成员无后顾之忧地冲锋陷阵。有了这样的支持，团队更敢于迎接困难、尝试突破，因为他们知道背后有你兜底。当团队取得成绩时，领导者也要第一时间为下属争取认可和回报。上下同欲的氛围下，团队士气和向心力将空前高涨，业绩自然水涨船高。

6. 育才革新，循环精进：自我革新推动了个人向上成长，而真正卓越的领导者还会将“革新”的焦点向下延伸到人才培养和团队进化上。所谓育才革新，就是一方面持续提升自身领导力与专业素养，保持与时俱进；另一方面有计划地培养团队新人，提升集体的能力上限。领导者应当定期为团队创造学习机会（培训、轮岗、导师制），亲自指导下属解决难题，在实践中传授经验。

在这个过程中，团队不断涌现新生力量，工作方法也随之优化迭代。久而久之，整个团队形成“持续学习—应用—再学习”的进化循环，不仅个人能力得到革新，团队战斗力也实现质的飞跃。这种与团队共同成长的领导模式，使组织拥有源源不断的人才磁场，为未来的发展蓄积能量。

以上六大能力构成了向下管理的新模型，它们彼此呼应、缺一不可，共同打造出卓有成效的团队领导力。值得注意的是，这六个方面并非孤立存在，而是融会贯通于领导者的日常行为中。当你将它们与向上管理技能融合集成，便会产生巨大的“化学反应”，使你的职场影响力成倍放大。

构建影响力闭环磁场：上下协同的领导效应

当向上管理和向下管理这两种力量实现无缝衔接时，你的影响力将不再局限于单点，而是形成一个闭环系统，贯通上下、内外。这就像磁场的两极相互作用，产生了影响力闭环磁场——你的能量在上司与团队之间循环流动，持续放大。具体来说，向上的高效反馈为向下赋能创造了条件，而向下的卓越执行又为向上反馈提供了成果佐证，二者相互促进，构成良性循环。

向上，及时传递一线信息与团队需求，争取资源支持，并与上级对齐战略，确保自己的团队目标与公司大局同频共振。上司因此对你放心，把更多自主权交给你，让你参与更高级别的决策共创。

向下，将上级的信任转化为对团队的支持，给予成员充分授权和指导，激励大家创新进取。团队在你的带领下产出卓越业绩，超预期地完成目标，为组织创造了更大价值。

如此一来，一个从上至下、再由下至上的闭环式影响形成了：你通过持续的业绩和价值证明巩固了上级的信任，上级赋予你更大的舞台，你又带领团队在更高平台上取得成功，进一步强化了自己的影响力。这个正向反馈的循环，会越来越快、越来越强，逐渐演化成涵盖整个组织的“影响力闭环磁场”。在这一磁场中，你个人的影响力不再是孤立的点，而成为辐射周围的场：既影响着上级的决策方向，也塑造着团队的执行文化。

3. 未来趋势预判：抢占职场先机，成为下一个引领者

现在，我们站在一个全新的职场起点：人工智能的崛起、组织架构的扁平化与项目制盛行、跨界复合型人才的需求、远程与混合办公模式的新常态，以及价值导向型团队建设的重要性，都在重塑着职场的游戏规则。面对这些未来趋势，我们如何运用此前学到的“向上管理钻石模型”六大关键行为，并融合“影响力闭环”的理念，实现向上与向下的双向升级？答案就是：抢占职场先机，锻造出引领未来的全新能力清单，成为下一个时代的引领者。

下面，我们从多个维度展望未来职场的关键趋势，并据此提出“未来引领者能力清单”。每一项趋势都对应着你需要修炼的一项核心能力。

1. 智能赋能与数据决策：无论行业如何变化，对“数字化”的掌握都已成为未来职场人的基础要求。管理者必须拥抱人工智能和大数据，以数据驱动决策，将向上管理的核心从单纯的人际协作拓展到精准的数据洞察。

职场建议：主动提升数据素养，学习使用AI工具分析问题、辅助决策。在工作中用事实说话、用数据支撑方案，才能让你从普通执行者成长为领导眼中的“战略合伙人”。

2. 远程协同与信任构建：混合办公时代，面对面沟通越来越少，取而代之的是跨地域的在线协作。领导者需要跨越空间距离建立起深厚的信任关系。此前我们介绍的“三大信任账户”法则在远程情境下更具价值——持续

兑现承诺、及时反馈进展、稳定输出业绩，就像不断为信任账户存钱。

职场建议：训练远程沟通技巧，比如定期主动汇报、确保线上会议高效、利用视频展现你的投入度。同时提高情商，在没有肢体语言的情况下敏锐察觉团队情绪变化，及时给予支持和反馈，以巩固信任基础。

3. 扁平组织与项目制协作： 未来的组织架构将更加扁平，基于项目的临时团队成为常态。在这种环境下，“上下级”界限趋于模糊，你可能同时向多个项目负责人汇报，也需要在没有正式头衔的情况下领导同侪完成任务。

职场建议：练就“影响力闭环”式的沟通技巧：既能主动对上管理，为上司解除后顾之忧，也能向下辐射影响力，带动团队协同。平时多参与跨部门项目，磨炼自己的项目管理能力，并养成工作透明的习惯（让相关领导随时“看得到”进展），这样既让上级安心授权，又能在团队中树立威信。

4. 全球视野与跨文化沟通： 全球化时代，加速流动的不仅是商品和资本，还有人才和工作机会。未来你很可能与不同文化背景的同事，甚至海外团队密切合作。

职场建议：培养全球视野，学习基本的跨文化沟通礼仪与管理技巧。尊重多元文化差异，提前了解合作对象的文化偏好和工作习惯，避免触碰“跨文化职场陷阱”。当团队成员来自世界各地时，主动担任“文化翻译官”的角色，在误解产生前先架起理解的桥梁。这种对文化的敏感度将使你成为真正具备国际竞争力的复合型人才。

5. 持续学习与跨界成长： 在瞬息万变的职场，没有“一劳永逸”的技能清单。终身学习已成职业发展的必然要求。未来的引领者往往是“跨界复合型”人才：既有本行业的深度，又能将多领域的新知识融会贯通，碰撞出创新火花。

职场建议：制定定期学习计划，给自己的知识体系“时常刷新”。关注行业最新动态之余，也涉猎相关领域的新趋势，让自己的技能谱系不断扩张。例如，互联网行业的市场经理不妨学习一点数据分析，制造业的工程师可以涉猎下商业思维。只有不断拓宽能力边界，你才能在机会出现时游刃有余地抓住，成为打破常规的创新先锋。

6. 个人品牌经营与影响力： 职业发展到高级阶段，个人品牌的力量愈发凸显。未来的职场精英，不再只是简历上一串头衔，更是一个个鲜明的“品牌个体”。你的专业度、信用背书和业界口碑，将直接决定你能吸引到怎样的机会。

职场建议：有意识地经营个人品牌。在内部，积极承担参谋献策和主动补位的角色，做出超出本职的贡献，让同事和上司对你的“靠谱”形成刻板印象；在外部，通过行业分享、撰写文章或参加论坛，输出你的专业洞见。长期坚持，你的影响力将形成正向循环——影响力越大，获得的重要任务和资源越多，你也就越能创造更大的价值，最终成为不可或缺的人才。

7. 价值导向型领导与人文关怀：高速发展的科技终将回归服务于人。未来真正卓越的领导者，将是既懂技术，又懂人心的人。团队需要的不仅是冷冰冰的KPI，还要有共同的使命感和价值观凝聚。

职场建议：在拥抱新技术提升效率的同时，不忘塑造温暖的团队文化。以价值观为团队建设的指南：明确团队工作的意义，让每位成员看到自己努力如何与组织使命同频共振。关注员工的成长和福祉，定期给予正面反馈和指导，让“以人为本”与“以绩效为本”并行不悖。在数据驱动决策的时代，更要以情感为纽带，将每个成员紧密联系起来。这种科技与人文的融合，将打造出战无不胜的未来团队。

职场的变革如逆水行舟，不进则退。但与其说职场是一场短跑，不如说更像一场马拉松——最终胜出的未必是开局最快的冲刺者，而是那些持续精进、善于累积，并能享受长期“复利”效应的人。运用向上管理的智慧打破职场天花板，用领导者的视野布局未来，再以不断升级的能力体系为职业护航，你便能在变化中保持长期领先，成就职业生涯的“常青树”。

本书的最后，让我们共勉：在这个职场发展的新纪元里，紧抓趋势脉搏，乘风而起，做时代浪潮中的引领者。相信通过本书所学，你已掌握了乘势而上的风帆与舵杆，下一步就是扬帆起航，去开创属于自己的职场新篇章！

本章总结

1. 角色跃迁与战略视角构建

主动承担更大的责任，从执行者成长为战略规划者。培养宏观战略视野，以全局眼光引领团队迈向长远发展。

2. 向上与向下管理的融合升级

上下兼顾的管理格局，既能争取高层支持，又能激励团队持续奋进。贯通双向沟通渠道，打造高效协作生态。

3. 影响力闭环的正向反馈机制

通过持续贡献价值和正向沟通形成影响力闭环，小胜积累带来信任，正向反馈强化信誉，助推影响力在良性循环中扩大。

4. 钻石模型与磁场模型的联动价值

综合运用钻石模型的多维思维与磁场模型的影响扩散，让个人优势与团队氛围形成联动，由此激发出1+1>2的协同效应。

5. 双向管理的实践技巧与行为转化

在工作中灵活运用向上沟通和向下领导的技巧，把双向管理理念内化为日常行为习惯。坚持知行合一，以实际行动让管理智慧落地生根。

6. 未来职场趋势与能力清单前瞻

敏锐捕捉职场数字化、人工智能等趋势，及时更新能力清单。主动培养创新思维、适应力与跨领域技能组合，打造面向未来的核心竞争力。

7. 远程协作、扁平组织下的新型领导力

适应远程协作和扁平化组织，以信任与灵活性为基础打破层级观念。通过清晰沟通与自主赋能，在虚拟环境中实现高效协作与卓越绩效。

8. 终身学习与跨界成长的路径

坚持终身学习的信念，勇于走出舒适圈探索不同领域。将各领域的知识融会贯通，催化持续升级的个人成长与竞争力。

9. 人文关怀与科技融合的管理理念

拥抱科技带来的效率提升，同时坚守人文关怀，以人为本的理念贯穿管理全程。让技术与温度相辅相成，营造出高效且有温度的团队文化。

10. 以长期复利思维实现职场长期领先

把职业生涯视为一场长线投资，坚持日拱一卒累积小胜。通过复利效应将短期努力转化为长期优势，逐步确立持续领先的职业格局。

后 记

这本书的完成离不开许多人的帮助。

首先，感谢所有在向上管理领域给予笔者启发和指导的专家、学者，他们的研究和经验让笔者能不断拓宽思维边界。

其次，感谢参与本书内容优化的企业与学员。正是你们的真实反馈和实践案例，让本书的内容更加贴近实际，更具操作性。过去十年间，我们在几百场企业培训中见证了无数职场人士的成长，也让我们更加确信，向上管理不仅仅是一种技巧，更是一种职场生存和发展的思维方式。

特别感谢团队的每一位成员，正是大家的努力，让这本书从构思到成稿，从理论到实践，最终呈现在读者面前。

愿你通过本书，真正掌握“6倍速提升辅佐力”的思维与策略，在未来的职场中，从容不迫，突破自我，步入真正的“高效辅佐黄金时代”。

最后，感谢每一位读者，希望本书能帮助你在职场上找到属于自己的突破点，实现更高层次的成长。愿我们在各自的职场旅程中，一起进阶，迎接更加广阔的未来！